# 誰がこの子らを救うのか

## 沖縄——貧困と虐待の現場から

Yamauchi Yuko
山内優子

沖縄タイムス社

# 目次

誰がこの子らを救うのか

第3章

# 放火をした6歳児

71

小学校からは入学拒否
若い母親と可愛い男の子
改善の余地ありと判断
母親へのヒアリング
他人は恐怖の対象
「メラメラ」とつぶやき炎を描く
火は怒りの表現
安全な場所こそ大事
後遺症の研究は進む

「一人」で背負ったために

第4章

# 離島での虐待問題に取り組む

6年間で状況は一変

離島の状況

格差が生んだ暴力

典型的なネグレクト

保護され不登校が改善

治療の限界年齢

ネグレクトから非行へ

言葉を発せられない女の子

児童福祉行政の貧困
助けられてもその後のケアはできず
虐待を受けた姉からの訴え
性的虐待を防いだただ一つの例

第6章

# 戦国時代のコザ児童相談所

一時保護所のない児童相談所
行動観察もままならず
限界超える相談受理件数
一時保護の依頼に対応できず
非行担当職員の増員を要望

はじめに

# 子どもたちからのSOS

## 虐待死事件の衝撃

2018年3月、東京都目黒区で5歳の女の子「船戸結愛《ゆあ》」ちゃんが、両親に虐待され死亡する事件があった。その結愛ちゃんが書いたという「反省文」の内容に強い衝撃を受けた。

「もうおねがい　ゆるして　ゆるしてください　おねがいします」という言葉に、私がこれまで児童相談所で接してきた多数の子どもたちの顔が浮かんできたのだ。

私はこれまで児童相談所で虐待された子どもを多数取り扱ってきたが、子どもが親から直接虐待を受けている場面に遭遇《そうぐう》することはなかった。そのため、今まさに虐待されている子どもの気持ちが綴られていたその文章の切実さが、私にとっては衝撃だった。あの言葉は間違いなく、今も今までも、虐待されているすべての子どもが発している言葉ではないのか。

私は、生まれて初めて、テレビのニュースを見て号泣した。

結愛ちゃんの「反省文」が公開されると多くの国民の心を揺さぶり、それを受けて政府が緊急に対策を講じたが、児童相談所の職員を増員するという従来の対応だけとなっている。それだけで、果たして子どもの命が救えるのだろうか。

## 子どもの声を聞く

私はこれまで、長年児童相談所に勤務し、虐待された子どもたちを支援してきたが、子どもの命を守るのは、職員の数の問題ではないと痛感している。

もちろん一時保護を速やかに行うことは大原則であるが、それだけではなく、最も大事なことは一時保護をした後の対応である。

多くの児童相談所は一時保護した後、保護者の言い分を聞いて、子どもの処遇を決定しているのではないか。保護者は「やっていない」と否定したり、「もう二度としません」と安易《あんい》に謝罪し、子どもの引き取りを要求するが、その親の言い分だけで子どもを親の下《もと》へ帰すと取り返しのつかないことになることが多い。

私は心理判定員（2005年より「児童心理司」と呼称《こしょう》されている）という仕事をしてきたため、虐待されたすべての子どもは、心と体に深い傷を負っていると確信している。体の傷は外から見えても、心の傷は外からは見えないだけに、どれだけ傷ついているのか計りしれない。必ずといってよいほど、子どもは心に深い傷を負っているのだから。

そのため虐待された子どもを一時保護すると、その子がどれだけ心理的な傷を負っているのか、そのことを調べるのが最も重要なことだと思っている。小さい子どもは自分がどれだけ傷ついているのか、自分がどれだけつらい思いをしたのかを言葉にすることはできない。そのため児童相談所には必ず心理士が配置されており、子どもの内面を推《お》し量《はか》るために、さまざまな情報収集や心理検査を行い、子どもの心の傷を推測していく。

その中で最も有力な情報は、「家には帰りたくない」という子どもの言葉であると私は考えている。幼い子が、この世で一番自分を守ってくれるはずの親の下《もと》に帰りたくないという言葉を発すれば、どんなことがあってもその子の言葉を尊重し、親の下には帰さないということが鉄則なのではないか。

結愛ちゃんは目黒区への転居前、香川県の児童相談所に2度も一時保護されていた。その時「パパ、ママ、いらん」「お父さんたたかれた」「けられた」「前のパパがよかった」と言っていたと報じられている。香川県の児童相談所は指導措置付きで結愛ちゃんの保護を解除、その後3度目の一時保護も検討されたが、「親子に寄り添うことが安全」だと判断し、継続して見守る方針を取った。その後も家庭訪問を続けたが、転居によって事態は大きく変化していったのだ。

## 勇気が必要

親の虐待が疑われるケースであっても、保護した児童相談所が親元へ帰してしまうことは少なくない。小さな子どもの声はかき消され、結果的に親の意向が優先されてしまう。なぜなら子どもの声を優先すれば、親との対立が避けられないからである。

しかし子どもの発する小さなＳＯＳを優先し、子どもを帰すわけにはいかないと親を説得する勇気が必要ではないか。そのことをしない限り、いくら児童相談所の職員を増やしたとしても、子どもの命を守ることはできない。

　虐待で受けた心の傷を癒《いや》す一番の治療は、子ども自身が安全で、なおかつ安心できる場所で日常生活を過ごさせることだといわれている。そういう意味では、まず児童相談所の一時保護所で、他の子どもたちと一緒に24時間、職員のあたたかい見守りの中で過ごさせることが必要である。そしてその間、一人ひとりの子どもたちの心の傷を推《お》し量《はか》り（検査し）、治療をしなければならない。

　すでに子どもは傷ついているのだ。親への指導などと並行して子どもの心の回復に努めなければならない。そのためにはある程度の時間を必要とするし、子どもの心の傷の回復を待って、その後に親子間の修復を行ったうえで親元に帰すべきである。

　ところが現在、そのプロセスが踏まれていない。そのため、せっかく一時保護したとしても、子どもの気持ちより親の言い分が優先されて子どもの命が失われていくこととなる。

親に対しては、自分がしたことがどれだけ子どもの心を傷つけているか、しっかり知ってもらう必要がある。そして子どもが親の下へ帰りたいという言葉を発し、親が心から子どもに申し訳ないことをしたと反省していることをしっかり見極めた上で、家庭に復帰する調整を行うべきである。

今回の事件は、結愛ちゃんを一時保護しなかった東京都の品川児童相談所が責められているが、それは当然のこととして、私はそれだけではなく、香川の児童相談所がなぜ一時保護したにも関わらず、すぐ親元へ帰してしまったのか？　本来ならばこの時点で結愛ちゃんの命は救えたはずなのにと、とても残念でならない。

## 命を救うためには

長い前置きになってしまった。私は長い公務員生活の中で、多くの子どもたちと接してきて、「誰がこの子どもたちの命を救うのか」という言葉を絶えず心の中で反すうしながら、子どもたちと向き合ってきた。どれだけの子どもを救えたのか。もしかするとほんの一握りの数さえも救えなかったかもしれない。ただ言えることは、幸いなことに、誰一人命を落とすことはなかったということである。

振り返ってみると、あのような職場環境の中で、数えきれないほどの子どもたちと接してきたものだと今にして思う。その間、多くの同僚《どうりょう》や上司や部下たちに恵まれたことは、感謝に絶えない。この拙文《せつぶん》が今後の児童福祉行政に少しでも役立てば幸いである。

第1章

# 沖縄初の「児童虐待」調査

# 虐待された少年との出会い

私が初めて、虐待された児童と接したのは、忘れもしない１９８４（昭和59）年６月のことであった。私は当時児童相談所で、心理判定員の任《にん》に当たっていた。心理判定員の仕事は、児童相談所に来る子どもたちの知能検査や性格検査等をし、子どもたちの心の内面を理解することであった。対象児童は０歳～18歳未満と幅広い年齢の児童を対象としていた。

児童相談所には、一時保護所が併設されており、ある日一人の男の子が入所してきた。

まだ小学校に入学したばかりの体の小さな子で、丸坊主頭であった。しかし その頭を見て私はわが目を疑った。頭全体がカンパチ（傷跡）だらけで、カンパチの合間に短く髪が生えているという状態であった。

一時保護所では、虐待された児童や非行の子どもなど親の下《もと》に置いておけない児童を短期間預《あず》かっていた。

その男の子も離島から保護されてきたばかりであったが、私はなぜこんなにカンパチがあるのか、担当のケースワーカーに聞いてみた。するとその子は、実の親から虐待され、しかも洗濯機に入れられて回されていたという衝撃的な事実を教えられた。

当時、児童相談所では「児童虐待」の定義がなく、前年の１９８３年に厚生省（現厚生労働省）による「被虐待児症候群」の調査がなされていた段階だった。実の親による我が子への虐待など、まだ十分認知されていなかったため、原因がはっきりせず、かつ正式な病名でもない「症候群」という言葉が使われていたのだ。

当時私は結婚して２人の子どもを授かり、子育て真っ最中。我が子は可愛《かわい》くて仕方がなかった。なぜ、実の親が我が子を虐待するのか、どんな親なのか、ケースワーカーに聞いてみた。すると、両親ともアルコール依存症で、その子は小さい頃から父、母の双方から殴《なぐ》られて育ったということであった。

私にはとても想像がつかないことであった。

しかし、その男の子は外見上他の児童と何ら変わりがなく、一時保護所で普通に日課をこなしていた。親から散々叩《たた》かれ、虐待されていたというのに、なぜその子は普通にしていられるのか、その子の心の内面はどうなっているのか、心理判定員という職業がら、私はそのことがとても気になっていた。

そんなある日、児童相談所の玄関横に置いてある水槽《すいそう》の前で、一時保護所の男の子たちが楽しそうに熱帯魚を見ていた。すると、突然一人の男の子が隣の子の肩を組み「おれは酔っぱらったぞ」とよろける真似《まね》をして、他の男の子のわき腹をこづき始めた。あの虐待された少年である。その光景は、まさに自分がされていたことを再現したのである。

私はその事実を目《ま》の当たりにし、虐待された少年の深く傷ついた心の闇を垣間見《かいまみ》た気がした。決して少年は、何も傷ついていなかったわけではなかった。しかしその時の私はまだ、虐待の後遺症のことなど知る由《よし》もなかった。

この少年との出会いが、私を虐待調査へと向かわせた。果たして、県内で虐待された児童はあの少年だけなのか、あの子は特異な少年だったのか。そのことがとても気になり、県内で初めて児童虐待の調査をすることになったのである。

## 児童虐待調査

１９８３（昭和58）年、厚生省が調査した被虐待児症候群は、「身体的暴行」、「性的暴行」、「心理的虐待」、そして「保護の怠慢・拒否」という４つに分類されていた。

私はその分類に従い、児童相談所の台帳をひも解き、子どもの視点から調査を始めていった。子どもの視点とは、ほとんどの親は躾《しつけ》という名目で自分のやったことを正当化するが、そのような親の言い分ではなく、子どもの立場に立ち、親の養育態度によって子どもが傷ついていないかということである。そのため、虐待を含む養護相談のみでなく、非行相談の子どもたちの台帳にも目を通し、成育歴を丁寧《ていねい》に読み込んでいった。

親から虐待されていた子どもは、私の予想をはるかに超えていた。あの少年のみではなかったのである。

太ももにアイロンを押し付けられ、その跡がくっきり残っていた子ども。布団《ふとん》にくるまれ、その上から箒《ほうき》で叩《たた》かれていた子ども。そして親の言うことを聞かなかったからと、両手をしばり正座をさせられ、ロウソクの滴《しずく》をたらされて火傷《やけど》を負わされた子ども、などの姿が書面に残されていた。

台帳を読むたびに、深いため息をつき、その子らの心情を考えるというつらい調査になった。しかし、私の一番の目的は、なぜ親が可愛い我が子を虐待するのか、どんな親が虐待するのか、それにはどんな事情があるのかという親の背景を浮き彫りにすることであった。それと同時に、虐待された子どもたちの声なき声を伝え、子どもたちの心情を理解し、虐待された子どもたちの今後の処遇《しょぐう》に少しでも参考になればという思いであった。

## 調査の概要

調査対象は１９８３（昭和58）年４月～85（昭和60）年12月末までに、沖縄県中央児童相談所が受理した相談件数４１６件の中から、前述の定義により児童虐待に該当すると思われるケースを選別した。

調査内容は、①被虐待児の実態、②被虐待者の状況、③虐待の背景、④被虐待児の状況、⑤被虐待児の処遇―の５項目の下に、４つの小項目を設けた。

小項目は、虐待者である親の心身の状況や家族の抱えている問題、そして虐待された児童の知的・身体的状況、心理的状況や問題行動などについて調査を行った。

## 調査内容①――被虐待児の実態

児童虐待の件数については、１９８３（昭和58）年度36件、84年度39件、85年度が33件で計１０８件であった。85（昭和60）年度は12月末までの集計のため年間の比較はできなかったが、月平均発生件数で比較すると、83年度３件、84年度３・25件、85年度（12月まで）は３・67件と年々増加の傾向をたどっていた。特に身体的暴行や性的暴行が、85年度は前年より増えていた。

虐待の種別については、「保護の怠慢・拒否」が55%を占め、次いで「身体的暴行」27%、「性的虐待」10%、「心理的虐待」8%となっていた。

具体的な事例として、「身体的暴行」の中には、小学生の女の子が継父に折檻《せっかん》され、頭部に擦過傷《さっかしょう》、顔面・手などに点状出血斑《てんじょうしゅっけつはん》がみられる全治10日間の治療を要す暴行を受けていたり、生後6カ月の頃から小学6年になるまで長期にわたり、身体的暴行を受けていた児童もいた。

「保護の怠慢《たいまん》・拒否」は、母親が夜の仕事に出て帰りが朝方になり、子どもたちを起こさないうえ、朝食の準備もしなかったため、子どもたちは登校できる状態ではなかった。また部屋の中はごみとチリでひどく汚れており、洗濯物がタライの中に水を入れたまま山と積まれている。子どもたちは不潔にしており、風呂にも入れず、爪も髪も伸びっぱなしで、中1の子を頭《かしら》に3名の子どもを放置しているというケースがあった。「保護の怠慢・拒否」はほぼこのようなケースで、母子家庭の母親が夜働きに出て、子どもの面倒をきちんと見ないというのがほとんどであった。

「性的暴行」の事例は、どの事例も女性である私にとっては本当につらいものであった。

中学生の女の子が実父によって週4回〜5回の姦淫《かんいん》を受け、これに耐えられず家出して警察に補導され事実が発覚するということがあった。しかし父親は、警察の事情聴取に対して姦淫を認めず、「自分の可愛い子に、どうして親がこんなことができるか」と否定し続けるというケースであった。当時、親子間の性的暴行には「近親相姦《そうかん》」という言葉が使われており、その言葉によってあたかも双方合意の下《もと》で行われているというイメージが与えられていた。一方で、実の親子間でそのようなことが起こるわけがないという思い込みもあり、子どもが嘘《うそ》をついているということにされ、子どもの言い分を信じてもらえることは難しかった。

「心理的虐待」のあるケースでは、家庭ではすべて父親の思い通りに事が運ばれなければならず、そのために家族間の会話はなく、食事は父親が自分の好みを押し付け、進学の志望校も本人の希望を無視することがあった。家の中の雰囲気は沈み、ストレスがたまった子どもたちはノイローゼ状態にあるというケースであった。

被虐待児童は、家族や親戚からの相談が40％で最も多く、その他福祉事務所や警察、近隣・知人とさまざまなところから相談が持ち込まれているが、「性的暴行」については警察からの通告が55％で過半数を占めていた。それだけ誰にも相談できず、その事実を表に出すことの困難さが伺《うかが》われた。

## 調査内容②――虐待者の状況

加害者の状況は、虐待の種別により明らかに分かれており、「身体的暴行」は実父が最多で55％、継父の分を加えると72％が父親である。「保護の怠慢《たいまん》・拒否」については、実母が53％で最多であり、「性的暴行」については、加害者の73％は実父で、継父を加えると91％が父親である。

全体では、虐待を加えた者の77％は、実の親であるということがわかった。

なぜ、実の親が可愛いわが子を虐待するのか、その真相に迫るために、虐待した親の心身の状況を調べてみた。

心身の状況をみてみると、心身に問題を持つ加害者は38％であり、その内訳をみてみると最多はアルコール中毒で17％、次いで精神疾患《しっかん》が11％であった。「特になし」は61％であるが、その中には知的に低い者も含まれているが、親自身の能力の判定は難しく、明確な数字は把握できなかった。

「身体的暴行」の加害者は、55％が心身に何らかの障がいを持っており、アルコール中毒28％、薬物中毒７％、性格異常３％とさまざまな障がいを持っていた。

「性的暴行」の加害者は、アルコール中毒が45％であり、過半数の55％が「特になし」であったが、加害者が実父の場合は75％が加害時は飲酒しているという状況であった。

## 調査内容③——虐待の背景

私が最も知りたかったのは虐待の背景であるが、過半数の親は心身の異常は「特になし」であった。

それでは、何が我が子を虐待する要因となるのか、次に被虐待児童の家族環境を調べてみた。すると、被虐待児童の94％は、不安定な家族構成であった。例えば両親の家出、単身家庭が大半を占めて83％、残りは継親《ままおや》（継父母《けいふぼ》）、内縁関係、入院中（親）などであった。中でも、「保護の怠慢《たいまん》・拒否」においては95％が欠損家庭であり、そのうちの半数51％は母子家庭であった。「身体的暴行」は父子、母子、父母同居とそれぞれ同じ割合であったが、父母同居の中には継父《けいふ》、内縁関係などが含まれ、必ずしも安定した家族構成ではなかった。「性的暴行」は、父子家庭の占める割合が最も高く、54％であった。

被虐待児の家庭環境は、決して恵まれた家庭ではなく、父子、母子、両親家出、別居など、不安定な家庭環境に置かれていることがわかった。しかしそれだけではなく、それらの家庭が他にどのような問題を抱えているのかも調べてみた。

問題の項目は13項目で、内容は次の通りである。借金苦や父母の転職の多さなどによる「経済的問題」、夫婦不和や暴力、異性問題などの「家族関係の不和」、多子家族（7子以上）、育児上の差別、育児上の忌避《きひ》を含む「育児上の問題」、親の疾病《しっぺい》や家族員の疾病などによる「家族の疾病」、「特になし」、「不明」の13項目である。

その結果、「経済的問題」を抱えているケースが57％と最も多く、「家族関係の不和」17％、「家族の疾病」15％、「育児上の問題」６％で、全体の94％が何らかの問題を抱え、不安定な生活を送っていた。

## 調査内容④――被虐待児の状況

虐待された児童（被虐待児）については、男女の割合はほぼ同数であった。男子は、小学生が最も多く49％、次いで乳幼児が33％と82％が小学生以下であった。女子は、乳幼児、小学生がそれぞれ3割強であり、中学生24％、高校生、その他（無職少年。「少年事件」などのように女子でも「少年」と呼称する）がそれぞれ４％で、虐待される年齢は広範囲にわたっていた。男女差が明確に表れている種別は、性的暴行であり、被虐待児の１００％が女子であった。

この調査で一番苦心したのが、虐待された子どもたちの心身の状況を、どのような形（項目）で調査するのかということであった。

「知的発達」はとても重要な項目であるが、全ての被虐待児童が知能検査をしているということではないので、統計上の分類はできなかった。それで、検査されている被虐待児の知能指数を列挙してみたが、知的に劣る児童は身体的暴行において２人、心理的虐待に１人のみであった。他は正常の範囲内にあり、１１０以上の優秀な者も２人いた。

## 問題行動の事例

身体の状況と表出行動は、虐待された結果が具体的にどのような形で表に出ているのか知ることができるように事例を列挙した。

「身体的暴行」では、３歳の子どもが長期にわたり殴《なぐ》られた結果、顔、体全体が青あざで腫れあがっていたという事例や、親から殴られて1カ月余の重傷を負い、入院した中学2年の児童（児童福祉法では満18歳に満たない者を児童と定義しているので、本書でもそれに倣《なら》う）もいた。「保護の怠慢《たいまん》・拒否」では、言葉の遅れがあり、抱くとしがみついて離れない2歳の子ども、排泄《はいせつ》の習慣がなく、汚れた下着を身につけたままの小2児童、汚れた服、破れた上着を着ている小5の児童もいた。「性的暴行」においては、父親を殺してしまおうと考えたことが何回かあると３名の中学生が答え、死のうと思ってカミソリを持ってみたが、だめだったと２人の中学生が述べている。「心理的虐待」では、小１の児童が家で寝るのを嫌がり、学校では１人でいることが多いと述べている。

　次に被虐待児童の心理的状況を調べてみた。虐待された児童は、大なり小なり何らかの心の傷を受けているはずである。それがどのような形で表に出るのか、私は心理判定員という仕事をしていたので、そのことに非常に関心を持ち、丁寧《ていねい》に記録を調べていった。

「身体的暴行」の事例では、３歳の幼児にかなりの怯《おび》えがあり、夜驚《やきょう》（睡眠中に突然起き出して泣き叫ぶ）が１カ月後まで続いていた。小１の児童はおどおどして行動が鈍く、情緒不安定で攻撃性がある。相当におびえて親に会いたくないと言う小3の児童や、泣くと叩かれるので声を出さずに我慢しているという小6の児童もいた。

そのような子どもたちが起こす問題行動として、友達の邪魔をしたり、首を絞めたり、顔を殴《なぐ》ったり、喧嘩《けんか》やいざこざが絶えないなどの小1の子どもがいた。夜間外出が増え、金銭持ち出し、万引きをする小2の児童、小3で家出、徘徊《はいかい》、怠学《たいがく》、盗み等の問題行動が続出している児童もいた。

「保護の怠慢《たいまん》・拒否」では、心理的状況として、2歳の児童が神経過敏、繊細《せんさい》で環境の変化により拒食。無口で表情が暗く、情緒的に不安定な小5の児童、それから母親に対する思慕《しぼ》が強い小2、小3の児童もいた。

保護の怠慢・拒否を受けた児童が起こす問題行動としては、火遊びをし、自動販売機を壊す小1の子どもや、他家の冷蔵庫をのぞき、火遊びをする小5の児童、喫煙、下級生いじめ、金銭せびり、火遊びがあるという小5の児童がいた。中学生では、飲酒、喫煙をし、家が不良のたまり場になっているという中2の児童がいた。

「性的暴行」については、家に対する不適応傾向が著しく高く、父親に対する不満や嫌悪感が強い中1の女子。気分の変化や劣等感が強く、情緒不安定、そして主観的、非協調的で不適応傾向が強く、攻撃的な面がみられる中1、中2、中3の女子たちがいた。

性的暴行を受けた児童が起こす問題行動としては、家出、徘徊をする中1、中2の女子、家出して酒、タバコ、オートバイを乗り回している中2の女子、喫煙、シンナー、不純異性交遊をしている15歳の中2女子がいた。

「心理的虐待」を受けていた児童の中には、何事にも無気力な5歳の児童、家への帰属意識がなく、母親を恐がる小1の児童、又母親に対して強い不満を持ち、怖がる中2の児童がいた。また、物静かであまり家の様子を話そうとせず、どうせ話をしても無理だと将来の夢も捨てている高3の児童もいた。

「心理的虐待」を受けた児童・生徒が起こす問題行動としては、徘徊、虚言《きょげん》、火遊び、窃盗《せっとう》などがある。特に火遊びが目についた。火遊びをして住宅を全焼させた5歳の児童や、家に帰らず明け方まで外で一人で遊び、火遊びで駐車中の車を焼いた5歳の児童もいた。また金銭の持ち出し、盗み、マッチいたずら、外泊をする小1の児童がいた。

## 心の傷が表出する時

子どもたちは、最も信頼し愛すべき親から虐待を受けた時、身体的傷を負うだけでなく、心の傷ともいうべき心理的問題を抱えることがわかった。

そればかりでなく、深く傷つき絶望した子どもたちは心の傷を癒《いや》す術《すべ》を知らず、やむにやまれない行動として、さまざまな負の問題行動を起こすこともわかった。

子どもたち一人ひとり、それぞれ置かれた状況が異なり、また子どもたちの個性も違うので、子どもたちの反応もそれぞれであるが、どの子どもたちも、たとえ表面は平静に見えても、内面は深く傷ついているということがわかる。

そして子どもたちの心の傷は、残念ながら表に出る時は、問題行動として表に出て、さらに周囲の大人たちから叱責《しっせき》を受けることになることがわかった。

## 調査内容⑤——被虐待児の処遇

被虐待児童の処遇《しょぐう》は、緊急一時保護が中心であり、実際に71％（77名）の児童が一時保護されている。特に、「保護の怠慢《たいまん》・拒否」はそのまま放置すると、餓死《がし》などの生命維持に問題があるため、85％（50名）が一時保護された。また「性的暴行」においては、問題が表面化した以上、親の下《もと》においての指導は困難であるため、91％（10名）が一時保護されている。一時保護後の処遇については、半数以上の55％（59名）の児童が施設入所している。29％（31名）は家族・親戚が引き取っているが、その内容は、祖父母、伯父叔父・伯母叔母などの引き取りであり、加害者のいる家庭への復帰は困難となっている。

## 考察①——加害者と被虐待児の相互関係

虐待する親の要因はさまざまだが、虐待は単独の要因で発生するのではなく、一つの家庭の中に複合したいくつかの要因が、重なり合って発生している。

例えば、配偶者の家出、蒸発、別居、離婚、病院入院などの家族関係の不安定な状況の下《もと》で、失職、身動きできない借金苦など経済的な問題を抱え、精神的・情緒的安定さを欠いたり、過度の飲酒癖のためアルコール中毒になり、精神に異常をきたしたりなど、一つの家庭の中にさまざまな問題がある。まさに多問題家族ということができる。

しかし、虐待は虐待する側の問題だけで発生するわけではなく、加える側（親）と加えられる側（児童）との関係があって初めて生ずる現象である。例えば、祝福されない結婚によりできた望まれない子ども、「もし、この子さえいなければ……」という親の言葉を耳にすることから、たとえ複雑な問題を抱えた多問題家族があったとしても、そこに子どもがいなければ虐待という現象は起こらない。そのことより、虐待という問題は虐待を加える親側の問題と虐待される子ども側の問題とにわけて考えるのではなく、親と子の同時発生的問題として捉えることが必要ではないかと思われる。

そうなってくると、虐待を加える側の親を加害者、虐待される子を被害者という一義的な関係で捉えることは適切ではなく、望まれない妊娠、出産してからは手かせ足かせ的存在となり、働こうにも動けないという状況など、子どもの存在そのものが虐待の原因となり得ることもあるわけである。

それに加え、子ども側の付加的要因（知的及び言語発達の遅れ、学業不振や問題行動など）が親の躾《しつけ》上の問題として責任を追及されたり、批判されたりすることもあり、それを是正すべく親が努力しても、子どもの頑固さやしたたかさにあい、時には子どもの残酷な直接的表現に誘発され、精神的、情緒的安定を欠いた親が「カッとなって」「見境もなく」などという状況に追い込まれて、虐待を行う場合もあり得るわけである。

通常の親子関係であるならば、子どもの抵抗や反抗に出会った時、ある時はひとまず引き下がって、子どもに合わせてみるという柔軟性を持っているし、子どもの方も親の言うことに従おうとする従順さを示すときもあるはずである。

ところが児童虐待にあっては、状況に応じた態度決定が選択できる親子間の相互可変的な柔軟な関係は存在せず、子に合わせられない親と、親に従えない子との間には、相互に反発しあう関係が、妊娠中ないしは出生時といった生理的レベルから出現し、子の発育とともに心理的レベルでますます強化されていく結果だということも指摘されている。

このように考えてくると、児童虐待という問題は、加害者と被害者があらかじめ決められた関係として捉えることは不適切であり、この問題は、親と子が相互に深く影響を及ぼしあう関係として捉えていくことが必要ではないかと考えられる。したがって、ケースを処遇するにあたっては、親と子の相互作用を考慮に入れ、それぞれのケースに応じた対応策を考えていくことが必要ではないかと思われる。

## 考察②――社会背景

児童虐待はいかなる文化、いかなる社会にも、またいかなる時代にも存在したといわれている。例えば、戦前の沖縄においては、身売り奉公《ほうこう》としての「イチマンウイ」や、辻遊郭などに遊女として売られていった「ジュリ」、過酷な人頭税《にんとうぜい》による「人べらし」のための堕胎《だたい》や嬰児《えいじ》の間引きなど、不要な子は殺されるか、餓死《がし》させられるか、生き延びても身売りさせられるという時代が私たちの過去にあった。

現在、労働基準法・売春防止法・児童福祉法などが施行され、子どもの人権を無視するような児童虐待は既にその社会的存在の根拠を失ったといわれているにも関わらず、今なお児童虐待は存続し、西欧諸国と同じく、我が国においても増加する兆しをみせているといわれている。

児童虐待を誘発する要因として、離婚・経済的困窮・アルコール中毒・精神疾患《しっかん》など、さまざまな要因が考えられてきたのであるが、どの要因をとってみても、我が沖縄県における発生率は高く、今後増加する可能性は十分考えられる。さらに、人口の都市集中化、核家族化、離婚や未婚の母の増加、その他、現代の急速な社会変化がそれぞれの家庭の養育機能の低下を促していくことを考えれば、国や地方自治体の社会福祉機能が、それを十分補償していくことの必要性を問われているのではないかと思われる。

## 考察③──自らに課せられた問題点

結びに、社会福祉機能が十分補償されていない現在、我々がなすべきことは何なのか、社会福祉に携わる者の一人として、それぞれに課せられた課題を、それぞれの立場で考えていくことも必要ではないかと思われる。そして、児童虐待問題を今後どのように対処していくか、真剣に考えていただければ幸いである。

## つらく厳しい調査

以上の調査結果は、１９８８（昭和63）年に開催された児童福祉施設職員研究発表会で発表された。県内では、初めての児童虐待の調査であり、おそらく県外においてもそのような詳細な調査は初めてではなかったかと思う。

発表を終えて席に戻ると、一人の女性が来ていきなり質問を始めた。息も切らさず次から次と質問をしてきた。最後に写真を撮らせて下さいと言われて、初めて彼女が新聞記者であることがわかった。当時、県内には女性記者が少なかったので、まさか記者だとは思わなかった。そして、この取材をきっかけにして彼女とはその後長い付き合いになっていくこととなる。

この虐待の調査は、私にとってとてもつらく厳しい調査であった。子育て真っ最中で、虐待された子どもを我が子と重ね合わせ、ため息をついたり、鬼のような親と思っていたのが、経済的に厳しい中でさまざまな問題を抱え、誰も頼る人がいず孤立したりしている親の状況に筆が止まることもあった。

しかし、どうしても、どのように考えても理解できない親たちがいた。それは、性的暴行を行った親である。なぜ、我が娘を暴行するのか。そこにはいかなる理由も通用せず、そこにあるのは単なる性的欲望のみではないかと思われた。そして、性的暴行を受けた子どもたちが、その後生涯にわたってその事実に苦しめられていくことを考えると、とても許せるものではなかった。

この虐待の調査は、私にとって虐待と関わる始まりとなった。しかし、当時はまだ虐待の後遺症ともいうべきトラウマの恐ろしさや、虐待された子どもの治療の困難さ、そして当時一番多かった保護の怠慢《たいまん》・拒否のネグレクトの子どもたちが、その後どうなっていくのかということは全く知る由《よし》もなかった。

私はその後、公務員の慣習により児童相談所を転勤し、婦人相談所へ配属された。そのため、あの洗濯機に入れられ回された少年がどうなったのか、詳しく知ることはできなかった。しかしその後、風の便りで、少年は進行性筋ジストロフィー症と診断され、専門の病院へ入院したということであった。そういえばあの時、少し足を引きずっていたことを思い出した。なぜ、進行性の筋ジストロフィーという難病を、あの少年が患《わずら》わなければならないのか、少年の先の見えない将来に胸が塞《ふさ》がる思いであった。

イムス　（夕刊）　1986年（昭和61年）　3月24日　月曜日　2版　社会　（4）

# 児童虐待の背景

## 中央児童相談所の山内優子さん（心理判定員）に聞く

### 強まる大人への不信感

### 2年余で108件も

虐待される子供が増えている—十九日、浦添市社会福祉センターで開かれた第九回児童福祉施設等職員研究発表会（県生活福祉部主催）で「被虐待児症候群の実態について」と題するショッキングな内容の研究発表が行われ注目を集めた。発表したのは中央児童相談所、心理判定員の山内優子さん（三三）。山内さんの発表によると昭和五十八年四月から六十年十二月末の二年九カ月間に同児童相談所が受理した養護件数四百十六件のうち、児童虐待に該当するのが百八件にも上っているという。虐待の背景、調査のきっかけなどについて山内さんに聞いてみた。

「虐待されている子供たちの声なき声を聞き取らねば」と訴える山内さん

—現代の子供といえば物に恵まれて過保護で、というようなイメージがあるが。

「私も小学校五年と三年の子がいる。身近にいる子はパソコンだの塾だのといろんな面で恵まれており、それが今の子供だと思っていたが、二年前に児童相談所に入所してきた六歳の男の子を見てたいへんなショックを受けた。頭全体が傷だらけ、つまりカンパチだらけでその間に髪がはえている感じ。アルコール中毒の両親に見さかいなく殴られたということで…。表情も暗くて、これが私の知っている子供たちと同じ子供かと…」

—それが調査のきっかけになったのですか。

「このケースは特異なケースなのかとみていたが、決してそうではなくフライパンやアイロンで手足にヤケドを負わされた子など次々児童相談所に現れる。もうこれ以上目をつぶってはいられない。虐待の未然防止の対策を訴えていかねばと考えたのがきっかけですね」

—二年あまりで百八件の件数、しかも養護件数の四分の一以上を占めている。これまでほとんど取り上げられていないのは。

「いろんな理由があると思う。ひとつは今回の調査で五五％の比率を占めている『保護の怠慢ないし拒否』、これは衣食や健康状態を損う放置のことだが、厚生省が五十八年に児童虐待の定義として示すまで虐待ととらえられていなかったことがある。また、この問題は親の立場に立って考えると見えなくなる。加害者の九三％は親だが、親の側は、しつけのつもりとか体罰などと理由づけをする。特に性的暴行など全面否定。子供の側に立たないと見過されてしまう」

—被虐待児はどのように発見され、どんな経路で入所するのか聞きたい。

「最も多い『保護の怠慢・拒否』と『身体的暴行』は直接外見に表れるので周囲から発見しやすい。家族や親せき、関係機関からの通報がほとんど。特に身体的暴行は母親ともども暴行を受けているケースが多く、四一％は母親からの通告。『性的暴行』と『心理的虐待』が表面に出にくいし、それだけに実際はもっとあるのではないかと思う。性的暴行十一件の被虐待児の一〇〇％は女の子。家出、はいかいなどで警察に保護されて理由を聞いてはじめてわかる。警察からの通告が多いんです」

—虐待された子の状況は。

「おびえたりおどおどしたり、問題行動があるなどいろいろですが、たいへんな傷を受けている。一番最初に、しかも自分を保護してくれる相手から虐待されているから大人への不信感は強く回復が難しい」

### 親側「しつけのつもり」

—わが子を虐待している親の側の背景は。

「被虐待児の九四％は不安定な家族構成が多い。家族の抱えている問題として借金苦や父母の繰り返される転職、それから発生する経済的な問題など不安定な生活を送っている。心身の状況ではアルコール中毒の十七％を始め三八％が問題を持っており、単に加害者と被害者ではすまない社会的背景がある」

—未然防止についての対策は。

「学校、施設、警察、福祉事務所など、関係機関の緊密な連携から始めることだと思う」。

「沖縄タイムス」1986年3月24日付夕刊

# 第2章

# 性的虐待を受けた少女

# 保護のためには父親の同意が必要

私が2度目に児童相談所に戻ってきた１９８２（昭和57）年頃は、児童虐待についての認知度が高まり、それに伴って相談が寄せられる虐待の件数も増えていた。しかし、性的虐待については、まだ、職員間においても理解度に温度差があった。そんなことはあり得ない、信じられないという見方と、あるかもしれないが理解はできない、おぞましいという見方である。いずれにしても当時の児童相談所においては、まだ「性的虐待」ではなく、「近親相姦《そうかん》」という言葉を使っていた。

そのような時、児童相談所の受付部署が、あるケースで大騒ぎをしていた。福祉事務所から、生活保護を受けている父子家庭の少女が父親から性的虐待を受けているという通告であった。その少女から妊娠をしているかもしれないとの相談があり、その相手が父親だと話していることで、福祉事務所も事の重大さに慎重になり、児童相談所に相談があったのである。

当時の児童相談所は性的虐待の案件に対して、まだ慣れていなかった。どのように対応すればよいのか、手探りの状態であった。

まずは事実確認をしなければならない。もし性的虐待が事実であれば、親子分離して一時保護しなければならない。しかし、一時保護するには保護者（この場合は父親）の同意が必要であった。そのために、まずは本人と父親の親族を来所させるよう福祉事務所へ依頼した。親族を同伴させた理由は、父親から一時保護の同意をとってもらうよう説得をお願いするためであった。

本人に対しては、この事実が本当であれば、父親と離れ施設へ行くことになるということを知らせる必要があった。まず、それを理解してもらい、施設に行く覚悟はあるかという意思確認をしたうえで、話を聞いていった。

父親の親族たちは少女の話は嘘《うそ》だと言い張り、自分たちの兄弟がそのようなことをするはずはないと父親をかばった。挙句《あげく》の果てに、少女が家事や手伝いを嫌がり、家から出たいがためにこのような嘘をついている、日頃から少女は嘘つきだと責めたてた。それでも少女は事実であると訴えたが、親族に理解してもらえずその日は少女を保護することは叶《かな》わなかった。少女が性的虐待の事実を訴えても、当時の児童相談所では児童の言い分だけでは保護できなかったのである。

今考えると、親の同意がなくても所長の権限で一時保護できる「職権保護」という制度があったのにという後悔もあるが、当時、それを行ったことはなかった。なぜなら一時保護してから施設入所する際、再度親の同意書が必要になるため、一時保護と施設入所の同意書がセットになっていたからである。つまり、２種類の同意書がなければ一時保護も出来ない仕組みになっていた。

そうした中、この事件は警察の知るところとなり、児童相談所に警察から通告書が届いた。警察が調査し、少女の証言が嘘《うそ》ではないことが判明した。その結果、父親の親族たちも認めざるを得なくなった。しかし同意書の内容はあくまでも性的虐待ではなく、父子家庭のため、子どもたちの養育が十分できないからという理由となった。

## 施設には戻せない

やっと少女は一時保護された。一時保護所内で少女は、日課に従いながら他の入所児童と仲良くしていた。職員の指示も素直に聞き入れ、特に問題もないということで施設へ入所していった。

私がその少女と初めて会ったのは、少女が児童養護施設に入所してから約1カ月後。場所は児童相談所の心理判定室であった。少女は父親の魔の手から解放され、施設で安心して皆と仲良く暮らしていたと思っていたが、施設内で不適応行動を起こし、学校へも行けず職員の手を煩《わずら》わせていた。

通常児童が施設へ入所するときには、一時保護中に心理判定を受け、その結果を付して施設入所する。しかし少女の場合は、父親からの後難《こうなん》を恐れて、心理判定はせずに早々と施設入所の手続きを済ませていた。それで、施設側から、ぜひ少女の心理判定をしてほしいとの依頼があり、少女と会うことになったのである。

少女を心理判定に送り出す際、その施設の職員は「心理の先生に何でも思っていることを話しなさい」と言ったという。そのため少女は着席するなり、施設職員に対する不満をまくし立てた。とても心理検査どころではなかった。そのままでは彼女を施設には戻せないと思い、上司と相談をして再度一時保護することになった。

名目は「短期治療」ということであるが、私にとって一時保護所を利用しての短期治療は初めてのことであり、当時の児童相談所内でも行われたことはほとんどなかった。

短期治療の期間は約1カ月であるが、果たしてその期間内に少女を無事施設へ戻すことができるのか不安はあった。当時の私には、性的虐待の治療についてまったく知識がなかった。しかし、あのまま少女を施設へ帰すわけにはいかない。何とか少女を救いたいという一心しかなかった。

## 少女の劣等感を払拭

児童相談所には、少女の担当児童福祉司がいて、少女の処遇《しょぐう》を考えていく中心的役割を果たしていた。彼女の担当児童福祉司は、母親的な温かい雰囲気のベテランの女性であった。彼女を中心に、心理判定員の私と一時保護所のベテラン保育士を担当職員として配置してもらい、３名でチームを組んで短期治療を開始することになった。

最初の1週間は、少女の言い分をしっかり聞く受容期間と位置付けた。その間、担当の児童福祉司は、少女の学校の担任から学校での様子を聞く社会調査を始めた。

調査の結果、少女は元の学校でも不適応状態にあった。また少女から話を聞く中で、彼女は歯が黄色いということで、とても悩んでいたことがわかった。そのことで、学校でいじめにもあっていたようである。その悩みは深刻であり、劣等感にもつながっていた。私はそんな彼女を見て、担当児童福祉司に専門の歯科医院での診察を依頼した。

幸い近くに歯科医院があり、そこの女医が彼女の悩みを理解し、丁寧《ていねい》に診察してくれた。その結果、彼女の歯は発育不全状態にあるということで、黄色い歯の上から真っ白い歯を被せてくれた。彼女の喜びは、天にも昇る状態で、それまで手で隠していた歯を皆に見せて回るような喜びようであった。

これで少女の劣等感は見事に払拭《ふっしょく》された。私はその様子を見て、あらためて専門家の力を思い知らされた。それまで私たちは、歯はそんなに悩むほどではないと安易に慰《なぐさ》めるだけであった。少女はそのことで深刻に悩んでいることを理解していなかったのである。それを専門家である歯科医師は、彼女の言い分を丁寧《ていねい》に聞き、見事に解決してくれた。私は、その女医に心から感謝した。

## 衝撃の告白

歯の治療をきっかけに、少女と私たちの関係は一気に近くなっていった。しかし、それですべてが解決したわけではなかった。彼女にはまだまだ悩みがあった。私は彼女の悩みを聞いて、できるだけのことをしてあげようと思った。その悩みの一つが、亡くなった母親へ線香をあげたいということであった。

少女の母親は、彼女が小学校高学年の頃に亡くなっており、以来彼女が母親代わりとなって弟たちを支えてきた。そのような中での父親からの性的虐待であった。誰も相談相手がいない中、亡き母親の名をどれだけ叫んでいたことか。そして、母親が死にさえしなければと、どれだけ恨《うら》んだことか……。

そのような彼女の心情を思い、母親の位牌《いはい》が安置されているというお寺へ少女を連れて行った。長い間誰もお参りに来た様子はなかった。彼女は両手を合わせ祈っていた。

歯をきれいにしてもらい、母親へのお参りも済ませ、しばらくは落ち着いた生活が続いていた。しかしある日の午前、一時保護所の担当職員が息せききって私のもとへきた。少女が授業中に突然泣き出し、パニック状態になっているという。

彼女の下《もと》に駆けつけ、別室に移し落ち着かせようとしたとき、彼女は泣きながら父親にされた様子を話しだした。このようなパニック状態でなければ話すことができなかったのかもしれない。

父親に、言うことを聞かなければ弟たちを殺すと包丁で脅されて性的虐待が行われたこと、そして口数が多いとガムテープで口をふさがれたことなどを話したのだ。

あまりの衝撃的な話に私も彼女と一緒に泣き、肩をさすりながら、「大変だったね、怖かったね」「あなたは悪くないからね」と言うのが精一杯であった。

しばらくは2人で泣いた。そして、ようやく彼女が落ち着いたので部屋に戻した。彼女には私たちがまだ知らない事実があり、受けた心の傷は予想以上に大きいということがわかった。

## 産婦人科医からのアドバイス

短期治療期間も半ばを過ぎた頃、少女が体の不調を訴えてきた。おりものがあるという。ここからは産婦人科の分野である。

ここまで悩んできたことではあったが、彼女が受けた性的虐待の傷について、やはり産婦人科の医師からアドバイスが必要だろうと判断した。そこで急遽《きゅうきょ》、女性の産婦人科医さんを探し、性的虐待の事実を話した。後遺症はどうなっていくのかといった体の面と、まだ幼く成長過程にある少女に心の面からもアドバイスしてほしいと依頼した。このような依頼など初めてのことだと思われたが、女医はこちらの真剣さに押され、真摯《しんし》にこの問題に向き合ってくれた。

診察室から出てきた彼女はとてもいい表情をしていた。これが、彼女の短期治療の最後の治療メニューとなった。その後は、施設の職員に来てもらって面談を図り、施設へ引き継いでいく作業が行われていった。

ちょうど1カ月後、明るい表情で少女は施設へ戻って行った。

## 施設に戻るも登校拒否に

私にとって、性的虐待の治療など初めてのことであり、しかも1カ月という短期間に行うという制約があったが、幸いケースワーカー（児童福祉司）、一時保護所の職員とチームを組み、何とかやり終えることができた。少女は無事施設に戻り、施設職員との関係も良好との報告を受けた。

しかし、性的虐待の後遺症はそんなに甘いものではなかった。1カ月もしないうちに、施設から援助依頼があったのだ。少女が学校へ行かない。つまり、登校拒否を起こしているという。施設のある転校先の教室に入れないということであった。

児童養護施設へ入所する子どもたちは、親からの虐待や親の都合などにより、家庭を離れて住み慣れた地域を去り、学校を転校し、親しい友達とも別れ、全く知らない土地で、知らない人たちと生活しなければならない。考えてみれば、大変な負担であり、理不尽なことである。普通の家庭の子どもにとっても、新しい学校への転校は大きなプレッシャーとなるくらいなのだから。

少女は一時保護所から戻った後、施設の職員と共に転校手続きを済ませ、新しいクラスでの自己紹介を終え、翌日から学校へ通う予定であった。しかし、翌朝から登校を渋り、学校へは行っていないという。

その頃、児童相談所では学校へ行かない、いや行けない子どもたちを「登校拒否」と呼び、そういう子どもたちへの登校支援を行っていた。それで、施設から児童相談所へ援助依頼がきたのである。登校拒否をしている子どもたちへの支援は心理判定員の仕事であった。それで、少女の支援は引き続き私が担当することになった。

## 徐々に学校に近づく

早速施設を訪問し、彼女と面接を行った。転校先のクラスにどうしてもなじめないと話した。無理もないことのようにも思えたが、それが本心とも見えなかった。

登校を拒否している子どもたちの多くは、実際に明確な理由があるわけでなく、自分自身でもわからないという状態だったからだ。彼女もそのような状態ではないかと思えた。

当時、登校拒否児童への治療が確立されていない中、主に行われていたのはカウンセリングが主流だった。しかし、彼女に学校へ行けない理由を聞くだけでは、何ら解決策にはならない。それよりも、どのようにして学校へ行くことができるのか、その方法を考える必要があった。「行動療法」と呼ばれるもので、当時私のいた中央児童相談所においてはその先駆的な取り組みが行われていた。

登校拒否に用いられる行動療法には、二つの方法があった。一つは、「系統的脱《だつ》感《かん》作《さ》法《ほう》」を用いた、家庭（施設）から学校へ徐々に近づいて行く方法である。もう一つは、「フラッディング法」と呼ばれ、家庭から学校へ一気に連れていく方法である。

この方法は少々手荒であり、子どもが泣こうがわめこうが、引っ張ってでも学校へ連れて行く方法である。そのため１人ではできず、やる時は3、4名の大人が有無を言わさず連れて行く。学校への道中、泣き叫んで嫌がっていた子どもは、学校に着きしばらくすると泣きやみ、周囲を見回し、案外ケロッとして教室へ入ることができる。なぜなら、学校は子どもにとって、初めての場所ではなく見慣れた場所であり、決して恐怖の場所でないことがわかるからである。

検討した結果、少女には、前者の方法をとることにし、施設から学校へ徐々に近づいていくことにした。学校の門まで行くことはすんなりできたが、問題は学校内へ、教室内へどのようにして入るかである。担当の先生と連絡をとり、校門から教室までを6区分した。最初は、校門から校舎の入口まで、次は校舎の廊下まで、次は教室のある2階まで、次は教室の入口まで、そして教室の中まで入り、最後は自分の席に座るという段階を踏んだ。

最初に教室に入るのは、放課後誰もいない時である。

それらが出来るようになって、いよいよ本格的な朝の登校指導が始まる。朝早く施設に行って登校準備をさせ、一緒に学校へ向かうがすんなりいくとは限らない。一緒に教室まで付き添い、着席させ、その後は学校の担任へ引き継ぐことを最初の1週間続けた。

2週目に入り、彼女が教室に無事入るのを見届け、もう大丈夫だと安心して学校を後にした。そして明日からは一人で学校へ行けると、施設へ報告に行ったその帰り道、何と彼女と道中でバッタリ出会ってしまった。先ほど、学校へ送り届け、学校へいるはずの彼女である。まさかとわが目を疑い、ショックで声も出ず彼女を車に乗せ、施設へ戻ったが、ショックを受けたのは彼女も同じであった。まさか、担当の私に見つかるとは思っていなかったようである。

悪いことはできないと悟ったのか、このことがあってから彼女は心を決めたようで、一人で学校へ通うことができるようになった。もしあの時に出会わなかったら、と思うと、あの遭遇は神が見守って下さったのであろうと心から感謝している。

## 高校卒業で施設を出る

その後、少女は児童養護施設で落ち着き、中学を無事卒業することができ、施設から高校へと進学した。私は節目節目に施設を訪れ、激励してきた。その間彼氏ができたとか、いろいろなことがあり、そのたびに施設へ呼ばれて相談されたが、私にとって苦にはならなかった。なぜなら、少女には親もなく、親戚もなく、他に誰も彼女のことを真剣に考えてくれる人がいなかったからである。

少女はついに卒業の日を迎えた。児童養護施設の子どもたちは、高校を卒業すると施設を出ていかなければならない。誰も引き取り手がいない子どもたちは、自ら就職先を探し、住む家を探し、施設を出ていかなければならない。未成年の子どもが、社会へ出て一人で生活していかなければならないのである。その不安を計り知ることはできない。しかし私は、少女が無事に施設を出て、社会へ羽ばたいていくことに興奮していた。しかも就職先が一流のホテルに決まったということで、喜びは倍増していた。

彼女にとって施設での最後のセレモニーは「壮行会」である。華やかな飾りつけをした会場で、多くの関係者や施設の後輩たちを前に、スーツ姿で正装した卒業生が並び、一人ひとり施設での思い出を語る、はなむけの場である。施設での集大成ともいうべき大イベントである。やっとここまで辿り着けてくれたという思いと、よくここまで頑張ってくれたという思いで、最初から涙、涙の壮行会であった。私は彼女にヒールのある靴とスーツをプレゼントした。

壮行会も無事終わり、彼女は施設を出て、寮つきの新しい職場であるホテルへと出発していったということを聞き、彼女の第二の人生のスタートを心から喜んだ。

## 1週間で退職

しかし、まだ興奮と安堵《あんど》感《かん》が冷めないうちに、我が耳を疑う情報が入ってきた。彼女が勤め先のホテルを1週間で辞めたという。その理由を聞いて、愕然《がくぜん》とすると同時に虐待の後遺症の根深さを思い知った。

彼女が就職したホテルは真新しいリゾートホテルで、南国の雰囲気の高級感溢《あふ》れるホテルであった。そのキラキラした明るいゴージャスな雰囲気に彼女は気《き》後《おく》れし、ついていけなかったという。一緒に就職した他の子どもたちとも、なじめなかったようである。つまり、自分が場違いな場所に置かれたようで、自信がなかったのであろう。

虐待された子どもたちは自己肯定感が低く、特に性的虐待を受けた子どもたちは、自分は他の皆よりも劣っているという思いが非常に強い。彼女の就職先での失敗を聞いて、あらためてそのことを思い知らされた。と同時に、私の性的虐待の治療は、まだまだ終わっていなかったことも知った。人生の節目節目に、劣等感はフラッシュバックのように現れ、そのハードルを越えていかなければならない。もっと丁寧《ていねい》に彼女の気持ちを聞き、もっと丁寧に支援をしていかなければならなかった。

児童養護施設を出た子どもたちは、就職が失敗したからといって施設へ戻ることはできない。彼女はどこにも行くあてがないはずである。施設側もそのことをとても心配していたが、彼女はやっと自分で自分の居場所を見つけた。それは、場末《ばすえ》の小さなスナックであった。そこのママが彼女の境遇を聞いて、住み込みで雇ってくれたようである。彼女にとって安心して働ける場所であれば、それもよいのではないかと思い、新たな職場を訪ね激励した。

## 再会、自信溢れる姿に喜び

性的虐待を受けた少女は、その後もあとを絶たない。児童相談所に一時保護され、施設へと入所していくが、その治療はほとんどなされてこなかった。中には、施設へ入所した後、精神疾患《しっかん》を発症し、病院に入院していった少女もいる。

しかし一番の悲劇は、少女たちのほとんどが被害者であるにも関わらず、家庭から離れ、親との関係も絶たれ、その後の人生を一人で生きていかなければならないということである。しかも深刻なトラウマを抱えながら……。

長い児童相談所勤務中、私は一人の性的虐待を受けた少女と長く関わったが、彼女から多くのことを学ばせてもらった。ケースに教えられるという言葉があるが、まさにその通りである。その後、私が中央児童相談所の所長として赴任した時、正門横に設置されている掲示板に私の名前が記載されているのを見て、あの少女が所長室に飛び込んできた。

久しぶりの再会であった。たくましく成長し、結婚を予定している彼氏もでき、一緒に野菜作りをしているとの近況を報告してくれた。

何よりもうれしかったのが、彼女が自信に満ち溢れていて、自分の道をしっかり歩んでいるということであった。そして、私の名前を見て訪ねてきてくれたということに対して、この仕事をして本当に良かったと思った瞬間であった。

第3章

# 放火をした6歳児

# 小学校からは入学拒否

沖縄県には、児童相談所が２カ所ある。那覇市石嶺にある中央児童相談所と沖縄市にあるコザ児童相談所である。

私がコザ児童相談所に赴任したのは、１９９２（平成４）年４月。３度目の児童相談所勤務であるが、コザ児童相談所は初めてであった。コザ児童相談所は、宜野湾市以北の中部地区と北部地区が管轄で、区域は広いけれども職員数が少なく、一時保護所もないこじんまりとした職場であった。私にとって、初めての勤務場所であり不安もあったが、アットホームな雰囲気で、当初の不安は払拭《ふっしょく》された。

コザ児童相談所に配属されて最初に割り当てられたケースは、６歳の、小学校へ入学したばかりの男子児童であった。いや、正式にいうと小学校入学年齢であったが、学校側から入学を拒否されていた児童であった。

その理由は、幼稚園児の時に学校のトイレのゴミ箱に放火したり、他の幼稚園児を後ろから突き飛ばしてけがをさせたりと、あまりにも問題行動が多く、他の児童を守ることができないからという理由であった。しかし一番の理由は、少年が家の近くにあった会社の倉庫に放火して全焼させるという事件を起こしたことで、学校側が非常に問題視し、入学を拒んでいるということであった。

その少年は「触法《しょくほう》少年」ということで、警察から文書通告されていた。その通告文書を持参した警察官が、自分は今まで長年警察官をしているが、このような凶悪な少年は見たことがないということを話していたという。さらに警察署長からは、少年は教護院《きょうごいん》（現児童自立支援施設）送致《そうち》が適当という意見が付されていた。

この少年の話を聞いて最初に思ったのは、わずか6歳で教護院入院？　義務教育であるはずの小学校へ入学できない？　ということで、私にとっては疑問だらけであった。それと同時に、生まれてからわずか6年しか経《た》っていないのに、どのような育てられ方をされて、このような少年が誕生したのか、それを知りたいというのが一番の思いであった。

## 若い母親と可愛い男の子

この少年の担当ケースワーカーは、ベテランの男性児童福祉司であった。このようなケースはとても一人では担当できないので、心理判定員とチームを組んで指導していくことになり、私も関わることになった。

警察署からの文書を受け、まずしなければならないのは、家庭訪問をして少年とその親に会うことであった。果たしてどのような少年なのか、凶悪事件を起こしているということで、強面《こわもて》の少年を想像しながら家庭訪問した。ケースワーカーが玄関のチャイムを押すと、出てきたのは若いロングヘアの女性と、そばに立っている小さな可愛い男の子であった。えっ、この子が？　そして何と若いお母さん？　というのが最初の印象であった。

部屋に招き入れられ、着席すると同時に母親の口から出てきた言葉は、男の子への非難であった。自分がどれだけこの子に迷惑をかけられてきたのか、この子を産んでどれだけ苦労してきたのかということを、早口でしゃべり始めた。男の子は、しゅんとして下を向いて座っていたが、母親が長い髪をかきあげようと手を上げた時、男の子が瞬時に両手を上げて顔をかばう仕草をした。

その時、全てを理解した。

この子はまさに母親から虐待されてきたのだということを……。

少年に父親はいなかった。母親が少年を身ごもったのは中学3年生の時であった。母親自身まさか妊娠しているとは知らず、普通に登校し、体育の授業も受けていたという。気がついた時にはもう堕胎《だたい》することができず、卒業前でもあったので、学校側からは、卒業させるので学校へはもう来なくていいと言われたということだった。

それからが大変で、親からは親戚中の恥だとか、相手は誰だとかと散々責められたという。相手の少年も逃げ腰で、とても責任をとれる相手ではなかった。まさに、望まない妊娠、望まない出産であった。結局、誰も母親の味方になってくれる人がいない中、負けん気の強い母親は、自分一人の力で育ててみせると誓ったようである。

少年を出産後、母親は年齢を偽り、夜の仕事に従事することにした。16歳の少女であっても、働くにはホステスしかなかったのである。もちろん、最初は子どもを親に預けていたが、事あるごとに自身の不始末をなじられ、そのため一日でも早く親元から独立したいと、必死で働いたという。その甲斐あって、その後、店を任されるほどになり、やっと少年と2人で暮らせるようになった。

しかし、子どもは年々成長するものである。まだ2、3歳の少年を夜寝かせてから、仕事に出かける毎日。夜中に目を覚ました少年が玄関の鍵を開け、母親を求めて夜の街を出歩き、警察に保護されるということが相次いだ。その頃、少年を叩き過ぎて、病院へ連れて行ったところ、児童相談所を紹介されたというが、母親は自分の力で育ててみせると誓った以上、誰の手も借りたくないと断ったという。

確かに誰の力も借りずに、少年を育ててきたわけであるが、現実は子どもが子どもを育ててきたということである。

次のようなエピソードを聞くと、まさにその通りであることがよくわかる。少年が6カ月の頃、下痢《げり》をしたので病院に連れて行ったところ、スポーツドリンクを紹介された。それで、その後ずっとミルクではなく、スポーツドリンクを飲ませてきたということや、自分は夜少年と一緒に寝たことはないということを自慢げに話したことである。

## 改善の余地ありと判断

生まれてからわずか6年後、少年が幼稚園に入園する頃には、正真正銘の非行少年が誕生していた。その背景には生まれた時から、否、生まれる前の胎児《たいじ》のときから疎《うと》まれ、事あるごとにこの子さえいなければという思いの中で、育てられてきた事実がある。そして、意のままにならないと物心ついた時から手を上げられ、叩《たた》かれて育ったことが要因であるといっても過言ではない。

当時、児童相談所においても虐待の通告が増えつつあったが、どのように取り扱えばよいのか、手探り状態であった。

そういう中、少年が「触法《しょくほう》少年」「教護院送致《きょうごいんそうち》が適当」として通告されてきたのである。私たちがその少年の調査をして思ったことは、確かに少年は母親から虐待されてきたわけであるが、母親の立場からすると、親として未熟なまま誰の援助を得ることもなく、一人で育てて来たという事実である。その境遇を考えた時、まだ改善の余地があり、少年に対する愛情もあるのではないかということであった。

一番の思いは、少年をここで母親から引き離してしまうと、少年は永久に母親からの愛情を知らぬまま、その後の人生を送ってしまうのではないかという危惧《きぐ》であった。

## 母親へのヒアリング

その後、少年には、母親とともにコザ児童相談所に通所するという指導がとられた。私たちは、少年が通う予定の小学校へ出向き、校長に入学許可を求めた。学校側は児童相談所が責任を持って少年を指導していくという前提で入学を許可したが、果たして私たちの指導がうまくいくかどうかの自信はなかった。早速、母子の通所指導が開始された。私たちの目論見《もくろみ》は、児童相談所への行き帰りの車の中で、親子2人だけの時間をつくることであった。道中ドライブを兼ねて、ゆっくり親子で会話ができるのではないかということを期待した。

児童相談所では、親子は分離されての指導が行われる。少年に対してはケースワーカー（児童福祉司）が遊戯《ゆうぎ》治療室という部屋で遊びを中心に過ごさせ、母親に対しては、心理判定員である私がカウンセリングを行うことになった。

母親のカウンセリングといっても、どのような方法ですればよいのか指導してくれる上司もおらず、手探りで行うしかなかった。それで、母親が少年を身ごもった時からの話を詳しく聞いていくということから始めていった。その中で、母親の置かれた状況や虐待せざるを得なかった背景等を、できるだけ理解していくことを心掛けるようにしていった。

母親は妊娠発覚から出産までのことについて多くを語らず、ましてや少年の父親のことについてはほとんど触れることはなかった。話さないということは、思い出すのさえつらいことがあったのではないかと思い、こちらもそれ以上は聞かなかった。

確かに中学在学中に妊娠するという事態は、当時でも、否、当時だからこそ大事件であった。気づいた時には産むしか選択肢がなく、学校からはもう来ないでいいと言われたことは、大変なショックであったと思われた。そして誰からも、家族でさえも味方になってくれる人がいない中、どのような気持ちで出産を迎えたのか、想像すらできない。

妊娠に気づかなかったのは、中学生の時は生理が不順であったからだという。体育の時間や運動会の練習で走ったりしていたが、何ともなかったので余計気づくのが遅れたということは話してくれた。しかし、自分の感情を出すということはほとんどなく、淡々としゃべるという感じで、カウンセリングは行われていった。

今考えると、母親は警察や学校から児童相談所で指導を受けるようにときつく言われていたため、仕方なく通所してくるということではなかったか。そうであるならば、行き帰りの車の中で、どのような会話がなされていたのか、その時は知る由もなかった。

## 他人は恐怖の対象

一方、少年については遊戯《ゆうぎ》治療室でケースワーカーが対応していたが、少年は部屋に入ると一目散《いちもくさん》に部屋にあるおもちゃや滑り台に向かっていき、次から次へとおもちゃを手に取って、部屋中を歩き回るという状況であったという。

私も少年の心理判定をする目的で面接する機会があったが、初めての場所（部屋）であるにも関わらず、少年は中に入るや否や部屋中の引き出しを片っ端から開けていった。しかもその部屋には職員がいたが、少年は中にいる人には目もくれず、引き出しやそこに置いてある物にだけ興味を示し、何が入っているのか確かめるという行動を繰り返していった。そのあまりの素早さにびっくりすると同時に、人には全く関心を示さず、物にしか興味を示さないということにショックを受けた。

また少年と歩いている時、肩に手を回すとその手を振り払い、手を繋《つな》いでいてもしばらくすると手を離すということがあった。

少年にとって、人は恐怖の対象であり、信用することがなければ、手を繋ぐことすらできないということを、接してみて初めて理解した。少年は最も身近で自分を守ってくれるはずの母親から散々殴《なぐ》られてきているため、母親はもちろんのこと、他人を信用することもできなくなっているということも知ることができた。それ故《ゆえ》、少年が人に関心を示すことがなく、物にしか関心がない理由を理解することができた。

## 「メラメラ」とつぶやき炎を描く

児童相談所に通所してひと月が過ぎた頃、母親と面接中に、トラブルが発生した。少年が7カ月の頃、ハイハイをして動き回るので、少年の体に紐を括《くく》り付け、その端を柱につなぎ、出かけたことがあったという話をした。その時、つい驚きの声を上げ、それは良くないのではないかと言ってしまった。母親は顔色を変え、自分が非難されたことを怒り、もうこんなところには来たくないと言いだしてしまったのである。

確かに、母親にとっては自ら進んで児童相談所に来ているわけではない。警察に通告され、学校から指示され、仕方なく来ているわけである。しかも児童相談所に来ても、少年はちっとも良くならないという不満を抱えていたと思われる。それと同時に、自分の育て方が悪いから少年がそうなったということだけは、言われたくなかったのではないかと思う。こちらも母親を責めるということだけはすまいと思っていたが、若気の至りというか、つい反射的に言ってしまったのである。

そのことがあって、母親はケースワーカーに担当してもらった。後の祭りであったが、1学期終了までは、何とか続けることができた。夏休み期間中は母親の負担を軽減するという目的で、児童相談所の一時保護所で少年を預かることにした。

少年は母親と離れる不安も全く見せず、すんなりと一時保護に応じた。少年はまだ幼いので心理テストなどができず、他者との会話も不十分なためカウンセリング等もできなかった。

しかし一時保護中に何とか少年の心の中を知りたいという思いで、少年に絵を描いてもらうことにした。一枚の白紙を渡し、何でもよいから好きな絵を描いてごらんと渡した紙に、少年が描いた絵と、その絵を描いている最中、少年が発した言葉に衝撃を受けた。少年が描いたのは、火が燃え上がる様子。しかも「メラメラ」と言いながら炎が燃え上がる様子を描いていったのである。

## 火は怒りの表現

児童相談所に来る子どもたちの中に、火遊びやマッチいたずらをする幼い子どもたちがいるが、その大半は親から虐待されている子どもである。なぜ火遊びなのか、それまではその理由がわからなかったが、少年がメラメラと言いながら描いているのを見て、あっと思った。

「メラメラ」とはまさに怒りを表現する言葉である。自分の怒りを、火が燃え上がる様子に投射する、つまり火には怒りを解消してくれる力があるのではないかと思ったのである。幼い子どもたちは、自分の怒りを言葉で表現する術《すべ》を知らない。しかし、たとえ子どもでも理不尽な扱いを親から受ければ、その怒りや不満を何らかの形で解消しないと生きていけない。それが火であり、火には心を鎮《しず》めてくれる力があり、無意識のうちに火遊びなどに向かうのではないか。

確かに、火には心を癒《いや》す力もある。そのため、一般的に、わざわざ家の中に暖炉《だんろ》を設置して火を焚《た》くのではないか。少年が火遊びを続けていたのは、母親の虐待と深い関係があったのではないかと思ったのである。

幸い、その後少年の火遊びは止まった。少年の指導は在宅指導に切り替えられたが、母親が児童相談所に通ってくることはなかった。しかし、一時保護中に少年と関わった指導員が「この少年は、将来『大物』になるだろう」とポツリと言った言葉を忘れることができない。

私はその後、児童相談所を離れることになり、少年のことを忘れていった。しかし、少年を担当した児童福祉司と会う機会があった際、少年のその後を聞いた。少年は母親の下《もと》を離れ、児童養護施設へ入所したが、そこでも落ち着かず、少年院へ行ったということであった。

## 安全な場所こそ大事

今なら虐待された子どもを、そのまま虐待した親の元に置いておくということはほとんどしていない。たとえ幼い子どもであっても、いや幼いからこそ、虐待した家庭から子どもを引き離すということを行っている。なぜなら、家庭という密室の中で、虐待が行われると誰も子どもを守る人がいないからである。

虐待された子どもの治療は、虐待が行われない安全な場所で、安心できる大人と一緒に生活すること。その中で、日々行われるさまざまな出来事を通して、決して虐待が行われないということを体験させていくということが有効な治療だということがわかってきた。

それからすると、私たちが関わった少年はまさに虐待が行われていた現場に置かれたまま、少年はいつ母親から叩かれるかもしれないという恐怖に怯えながら生活していたわけである。少年が良くならなかったのは、当然といえば当然であった。むしろ、悪化していったわけである。今思うと少年に真っ先にすべきことは、母親の下《もと》から引き離すことであった。そして、少年を保護した後、少年に一番必要であった温かい家庭と愛情を与えてくれる里親を探すべきであった。

少年は生まれた時から母親から疎《うと》まれ、一度も添い寝をしてもらったこともなく、挙句《あげく》の果てに母親の意に沿わないことがあると、散々叩《たた》かれていた。そのため少年は周囲の人間に完全に心を閉ざし、興味も関心も失っていた。関心がないということは、人の言うことも聞かず、人を信用しないということにつながっていく。だから、人と手を繋《つな》ぐことや肩を組むことも嫌がっていた。他人に触れられるということは恐怖であったと思われる。

そのような少年に対して、集団生活をする施設へ預《あず》け、そこで生活させるということは今思うと、治療の効果は期待できなかったのではないか。少年にとっては、苦痛以外の何物でもなかったのではないだろうか。しかしその頃は、被虐待児の治療は全国的にもまだ不十分であった。そのため、どうすれば良いのか全くわからなかった。

同時に、虐待が子どもに与える後遺症の怖さを知らなかった。そのため、少年の心の傷の深さや心の闇を知らず、安易に母親の下《もと》から引き離すべきではないという親子の一般論的な考えで対応を行ってきた。

子どもは、どれほど親から虐待されても、どんなに心が傷ついても、親を非難することや自分の心情を吐露《とろ》することはしない。特に小さな子どもたちは、心の内面を言葉で表現することはできないので、体の傷が消えると外見上は全くわからない。だからといって、子どもの心が傷ついていないわけではない。言葉で表現できないだけである。そのため、言葉以外の様々《さまざま》な方法を、行動で表に出していく。全く外に出さないで生きていくことはできないのである。

ある子どもは、他の子どもに自分がされたように暴力を振るい、暴言を吐《は》く。また親から得られなかった心の飢えを満たすために万引きを行うなど、物で心の飢《う》えを満たそうとする。年齢が上がると家出をし、夜間徘徊《はいかい》をし、さまざまな問題行動を起こしていく子どももいる。

## 後遺症の研究は進む

今回の少年は、まだ幼いので火遊びという形で自分の心の傷を癒《いや》していたと思われるが、それだけに留まらず、少年は「愛着」という人間が生きていくうえで最も大切な、人に対する「基本的信頼感」が欠如していた。つまり「愛着障害」である。今でいう完全な「反応性愛着障害」であった。

それは、乳幼児期に最も信頼できる母親との交流を通して獲得していくものであるが、残念ながら少年はその時期に母親から虐待されていたわけである。そういう意味で、少年の虐待の後遺症は最も重症であったということである。

しかしその頃、「愛着障害」というキーワードはまだ知られていなかった。少年は愛着障害により、母親はもちろんのこと、他人とも心を通わすことが出来なかった。確かに少年と接していて、まだ幼い子どもであるにも関わらず、一緒に遊んでいて笑いあったり、視線を合わせてほほ笑んだりするということはなかった。今思うと何かしっくりこないというもどかしさは絶えずあった。しかしそれが愛着障害によるものだということは知らなかった。

その後、虐待の後遺症として、「ＰＴＳＤ」や「解離性《かいりせい》人格障害」、「反応性愛着障害」などさまざまな後遺症があるということがわかってきた。さらに、後にわかったことであるが、「反応性愛着障害」も母親以外の誰か特定の人が親密に世話していけば、改善されるということである。しかし、年齢が上がるにつれて修復は困難という。

あの時、もし少年を母親から引き離して里親に預《あず》けていれば、少年は良くなっていったのだろうかと後悔の念を抱くこともあった。しかし少年を預かる里親は、相当力量のある方でなければできないのではないかとも思う。まさに育て直しであるが、生まれて６年間で受け続けた傷を癒《いや》すには、最低６年間以上の年月がかかるのではないかとも思う。少年を育て直すのはゼロからの出発ではなく、マイナスからの出発だからである。

## 「一人」で背負ったために

残念ながら、少年のその後の行方は知らない。ただ想像できることは、誰とも心を通わすことができず、心の闇を抱えながらその後の人生を生きているであろうということ。それを考えると、母親が犯した虐待の罪の重さは図りしれない。しかも、その母親は何の咎《とが》も受けぬままである。不公平だとも思えるが、母親のその後の人生を考えると、母親も少年が犯した罪の重さを少年と共に背負っていくのではないだろうかと想像する。決して安寧《あんねい》ではないであろう。

私は母親が15歳で少年を生んだ時、誰の力も借りずに自分一人の力で育ててみせると誓ったという言葉が、心に深く残っていた。その結果、それが虐待をしてでも一人で育てていくということに繋《つな》がったのであろう。

少女が妊娠をして産まざるを得なくなった時、少女に寄り添い、安心して少女が出産できる施設があれば、今回のような結果にはならなかったのではないかと痛感した。

事実、県外には、そのような施設は既に存在していた。

私はその後、何度も現場で対症療法的に虐待の対応をしていた。しかし、それでも次から次へと出てくる虐待ケースに疲れ果てていた。

その結果、現場を離れ、虐待を未然に防ぐ手立てをしたいと県本庁（行政）へ転勤を希望することにした。

第4章

# 離島での虐待問題に取り組む

# ６年間で状況は一変

私の長い公務員生活の中で、最も児童虐待問題に取り組んだのは、この時期（１９９９〜２００４年）ではなかったかと思う。６年間の本庁勤務を終え、古巣に戻ったような安堵《あんど》の気持ちを抱きながら、中央児童相談所に戻ってきた。しかし今回は、所長としての赴任のため職責が重く、６年間のブランクを取り戻せるかと緊張もしていた。案の定、以前と状況が一変していたことをすぐに思い知らされた。

着任してから最初に虐待担当課長から告げられたのは、以前の児童相談所とは職務内容が変わってきているということであった。虐待が非常に増えていて、児童相談所は親と対立してでもいいから、子どもを救わなくてはいけない。さらに、児童相談所が関わっている中で、もし虐待されたことで子どもが命を落とすようなことにでもなれば、マスコミから集中砲火を浴び、テレビカメラが児童相談所の中まで入って来る。そういう時代になっているということであった。

それだけ虐待が増え、児童相談所がその第一線に立たされている上に、責任も負わされているということであった。

担当課長の言った通り、着任してから息つく暇もなく、次から次へと虐待の通告があった。その内容は6年前とは比較にならないほど、非常に重篤《じゅうとく》化《か》しているということを実感させられた。

しかも児童虐待は沖縄本島だけでなく、離島地域でも起こっていた。

中央児童相談所の管轄は、宮古・八重山地域も含まれるが、職員はその地域に常駐することはなく、担当者が毎月1回、それぞれの地域を訪問するという形態をとっていた。そのため、担当者は非行の児童や虐待の児童も含めて全ての児童を担当し、月1回の訪問の際はフル回転で対応するということが行われていた。

もちろん、それだけでは地域の児童福祉の対応を行うことは無理なので、それぞれの地域の福祉事務所に家庭児童相談員が配置され、日常の軽易《けいい》な相談には応じるようにしていた。しかし、虐待のような重いケースは児童相談所の対応となるため、平良市（当時、現宮古島市）、石垣市の相談員たちは、首を長くして児童相談所の職員の来訪を待っていた。

## 離島の状況

同じ離島といっても、宮古地区と八重山地区では子どもたちの置かれた環境は違っていた。

特に八重山地区は日本復帰以降、新婚旅行のメッカとして脚光を浴び、本土からの観光客が大挙押し寄せていた。そのため、観光産業が陽の目を浴び、ホテルはもとよりお土産品店やレストラン、商店街なども華やかになり、夜のネオン街も賑《にぎ》わいを見せていた。それに伴い、他の島から働き口を求めて移住してくる人たちが増え、島全体が活気を帯びていた。

元々八重山地区は、自然豊かな落ち着いた島々で、島の人たちもゆったりと暮らしていた。私は復帰前、八重山地区の児童相談所の駐在員として、八重山福祉事務所の中に一人駐在していたことがある。当時は非行の子どもたちも少なかった。もちろん虐待ケースなどなく、自転車に乗って島内の学校を訪問するという、今考えると夢のような勤務状況であった。

それが復帰後、一変したのである。街が観光産業で活性化すると、賑《にぎ》やかになる反面、子どもたちは落ち着きがなくなってくる。観光産業は消費を中心とする産業である。実際、観光客相手の店が建ち並び、街全体が消費を助長するようになっていた。経済的に余裕のある家庭であれば、家族でたまには観光客が行く洒落《しゃれ》た店で食事もできようが、経済的に困窮《こんきゅう》している家庭の子どもは指を加えて遠くから眺《なが》めることしかできない。

そのような中で事件が起こった。

沖縄県内で初めて少年たちの集団暴行事件が石垣島で発生したのだ。１９９２（平成４）年のことである。

## 格差が生んだ暴力

当時私は児童相談所に勤務していなかったので事件の詳細は知らないのだが、復帰前は静かで非行少年がほとんどいなかった島で、どうして集団暴行事件が発生したのか、とても不思議に思っていた。しかし、よく考えてみると、復帰後の石垣島は以前ののどかな島ではなくなっているということに気がついた。

急激な街の変化は、子どもたちにも影響を及ぼし、子どもたちの世界も持てるものと持たざるものに二分されていったのではないかということである。子どもの力ではどうしようもない、その格差に、子どもたちのフラストレーションが溜《た》まり、暴力へと発展していったのではないか。あくまでも私の推測であるが、その後県内で少年たちの集団暴行事件が発生していく過程をみていくと、まさに街が活性化（商業地化）していくことと、あながち無関係ではないのではないかと確信を深めていった。

その後、石垣島では集団暴行事件が2度も発生しているが、石垣島の観光地化は衰えをみせず、ますます賑《にぎ》わいを増していった。

そのような時に、私は石垣島を含む八重山地区と宮古地区を管轄する中央児童相談所に赴任してきたわけである。

私は復帰前、児童相談所の駐在員としての勤務経験があるので、両地域に対する思いは格別なものがあった。赴任直後の管轄地域への挨拶《あいさつ》回りで両地域を訪問した時、私を待っていたのは、家庭児童相談員たちの緊張感漂う緊迫した面《おも》持《も》ちであった。自分たちが抱えている子どもたちの様子を息せき切って語りだし、ぜひ一緒に家庭訪問をして状況を見てほしいと訴えてきた。

そのような中で、次に記すのはある離島で起った虐待の事例である。

## 典型的なネグレクト

これまで児童虐待のケースには何件か遭遇してきたが、ネグレクト（育児放棄）

家庭についてはほとんど現場を見たことはなかった。
最初に市の家庭児童相談員に連れて行かれたのは、まさにネグレクト家庭そのものであった。ある一軒の家に案内されたが、門に足を踏み入れた時から悪臭が漂っており、窓は全て開け放たれていた。その中で親子４名がゲームをしていた。子どもたちは普通であれば、学校へ行っている時間帯である。それにも関わらず、小学６年生の長男がゲームをしているのを、母親らしき女性がそばにいて見ていたのである。部屋の中は、紙くずやビニール袋などが散乱し、炊飯器の蓋《ふた》が真っ黒になっているのが見えた。

市の相談員が突然来訪したので、慌てて隣の部屋の襖《ふすま》を閉めたのは、小学４年生の二男であった。その時にチラと見えたのは、布団《ふとん》や衣類などで溢れかえっている部屋であった。さすがに子ども心にも恥ずかしいと思ったようである。

この家庭には４名の子どもがおり、上の２人（小６、小４）が不登校のため、関係者が２年近く毎朝迎えに行くなど、熱心に登校指導を行っていた。しかし、そこまでしても何ら改善されることがないという。私は家の中の様子を見て、これこそネグレクト家庭の典型ではないかと思った。また母親の態度を見て、母親は知的に劣っているのではないかということを直感した。そして、この母親にはいくら指導しても、改善できる能力がないのではないかと思った。

家事・育児は、親なら誰でもできるというわけではなく、ある程度の能力を必要とする。例えば、乳児に飲ませるミルクを作るにも、分量を量って回数を覚えておく必要があるし、食事を作るにも材料の組み合わせ、調理の仕方が問われるし、掃除の仕方にしても、洗濯の方法にしても、家事全般の作業を段取りよく進める能力、そして何よりも同じことを繰り返し行う忍耐力など、さまざまな能力を必要とする。皮肉なことに、子どもを産むことはできても、すべての女性が子育てをできるとは限らないのである。

私は子どもが学校へ行っている時間帯に、ゲームをしている子どものそばで、一緒に過ごしている母親を見て、これ以上子どもたちをこの家庭には置いておけないと思った。なぜなら6年生の長男は昼間は学校へ行かず、夜間になってから出歩き、コンビニ周辺で中学生たちと遊んでいるということであった。そのまま放置していると、中学生になってから非行少年になるのが目に見えていた。

## 保護され不登校が改善

早速学校を訪問し、小６と小４の２人を保護したいと切り出すと、学校側はなぜ下の弟まで保護する必要があるのかと反対してきた。下の子はまだ非行行為をしているわけではないし、この年齢で親から離すのは不憫《ふびん》であるとの言い分であった。

一見もっともな意見と思われたが、児童相談所としては、このままこの家庭に小４の子を置いておくと、この子も将来は非行少年になっていくであろうと確信していた。そうなってからでは遅い。正直、小６の兄はもう遅いのではないかと思われた。このままこの家庭に置いておくわけにはいかないので、今からでも何とか環境を変えて指導していきたいと学校側を説得した。

やっとのことで学校側が了解し、２人を一時保護することとなった。しかし、一時保護所は那覇にしかないうえ、この島には児童養護施設もない。２人は親元を離れ、海を越えて行かなければならないが、兄弟２人であったためか、淋しがることもなく、すんなりと那覇の一時保護所に入所した。その時の弟の様子は今でも忘れることができない。

那覇にあった当時の一時保護所は建物が古く、部屋の中には近代的とはいえない木造の二段ベッドが置かれていた。それを見て、小４の二男が「でーじ上等」と歓声を上げたのだ。ゴミが散乱していた我が家と比べると、さすがに上等であると思ったのであろう。

その後、２人は島を離れ、ある児童養護施設へ入所することになった。小４の二男は何の問題もなく施設へ適応していったが、小６の長男は、施設や学校へ適応するのに時間がかかった。しかし、２年間続いていた不登校は、見事に改善したということであった。この事例からわかる通り、小学生の不登校はほとんど親や家庭の問題であるように思われる。

施設へ入所している子どもたちが、不登校になるということはほとんどない。なぜなら、三度の食事をきちんと摂り、風呂に入り、就寝時間を守り、規則正しい生活を送っているからである。あの少年２人もこれまでとは全く違う環境であっても、普通の生活を送ることができたため、不登校を改善できたのである。

## 治療の限界年齢

２人を見ていて思ったのは、虐待の治療の限界年齢であった。高名な虐待治療の専門家から、虐待の治療の限界は９歳だと聞いたことがある。実際、小６と小４では予後が全く違っていた。小４の少年は、それまでと違う環境にすんなり適応できる能力があったが、小６の少年は施設の規則正しい日課などに順応《じゅんのう》するのに時間がかかり、新しい環境になかなか馴染《なじ》めなかった。たかだか２歳の違いであるが、まさに虐待の治療は早ければ早いほどよいということを実感した。

なぜ私たちがネグレクトの２人の少年を保護したのか、それには大きな理由があった。私もその頃には、ネグレクトの子どもたちをそのまま放置するとどうなるのかということが、ほぼ予測できるようになっていた。ネグレクトで命を落とすことは滅多《めった》にないが、多くの子どもたちは思春期になると非行少年になっていた。

なぜならネグレクト家庭の子どもは、親から放置されているため、小さい頃から躾《しつけ》などが全くなされていないうえ、善悪の判断等の社会的規範も身についていない。さらに夜間、親がいない家庭においては、寂しさから夜出歩き、不良仲間に誘われて、深夜徘徊《はいかい》などを重ねていくということになる。また、食事も満足に取ることができない時は、空腹からスーパーなどでパンやお菓子を幼少の頃から万引きし、中学生になると絶対捕まらない技を身に着け、窃盗《せっとう》を重ねていく。

このパターンが典型的な沖縄の少年非行の成り立ちであった。それがわかるようになったのは、10年余の児童相談所勤務を経てからであった。

## ネグレクトから非行へ

沖縄の非行少年たちの家庭を調べてみると、ほとんどの少年がネグレクト家庭で育っていることがわかった。

沖縄の児童虐待の割合は私が初めて調査をした１９８５（昭和60）年頃からネグレクトが一番多かった。その傾向はその後何年も続いており、ネグレクト家庭の子どもたちがそのまま非行少年へと成長していったと考えても何ら不思議ではない。今や深夜徘徊《はいかい》して補導される少年は、沖縄県が全国一であるということも周知の事実である。そのような非行少年への指導は、いくら児童の専門機関である児童相談所でも難しい。

　ネグレクトの深刻さを私が知ったのは、非行少年たちの指導の困難さを実感してからである。彼らの根っこには、彼ら自身が親から大切にされて来なかったという見捨てられ感があった。そのため自尊感情がなく、それと躾《しつけ》が全くされてこなかったため基本的生活習慣が身についていず、集団生活になじめないという負の要素を抱えていた。そのため施設に適応できず、開放施設である児童福祉施設においては落ち着かないということがたびたびあった。

　そのような少年たちが立ち直るには、閉鎖施設である少年院へ入ってやっと指導が始まるといっても過言ではない。そこでは、箸《はし》の持ち方から指導が始まるという少年もおり、それらを習得させるためには、長い時間を必要とする。

後にわかったことであるが、先の少年たちには中学を卒業した兄がおり、その兄は少年院へ入っているということであった。そのことを後で知らされ、２人を保護したことは間違っていなかったと確信した。

## 言葉を発せられない女の子

ネグレクト家庭の子どもを一時保護するということは滅多にないが、そのまま放置すれば命に関わるような事例であれば、即時に一時保護をする。子どもの年齢が小さかったりすると、保護せざるを得ない。

次のような事例が強く印象に残っている。

５歳と３歳の子を抱えた母親が夜働きに出て朝になっても帰らず、子どもだけが家にいると隣の住人が通告してきた。

ケースワーカーが家庭訪問すると、ドアの鍵が開いており、部屋中汚れた紙おむつや弁当の空箱等ゴミが散乱し、足にはノミが飛びついてきたという。冷蔵庫の中は空っぽで、食べるものもなかった。隣の住人によるとこのようなことはたびたびあり、その都度お菓子やジュースをあげるなどしていたが、もうこれ以上放置できないと通告してきたようである。

母親は、夫と離婚後、夜働いて2人を育てているようであるが、子育てよりも夜働くことに集中していた。そのうえ新しい彼氏が出来たようで、たびたび家を空けるようになったという。その結果、2人の子どもの育児や家事を放棄することになったのである。

早速2人を一時保護し、早急にケアするために里親探しを始めた。

一時保護してわかったことは、上の5歳の子はしゃべることができたが、3歳の妹は言葉をしゃべることができず、「あーあー」という声しか出せなかった。親から放置されると子どもは言葉をしゃべることができないという事例を間の当たりにした。

2人に必要なのは、普通の家庭であり、絶えず言葉かけをして世話してくれる親である。幸い、保育士の資格を持つ里親が見つかり、１年という短期間であったが、心よく預かってもらった。

そしてその１年後、２人が里親に連れられて児童相談所にやってきた。言葉がしゃべれなかった妹は、里親の膝に乗り、「ママ、ママ」と里親を呼び、絵本を持って「読んで、読んで」とせがんでいた。まさに奇跡をみるようであった。と同時に、子どもの適応能力や回復力の速さに感激した。

あのまま実の母親の下に置かれていれば、下の妹は言葉の獲得ができぬまま成長したのか、もしくは、そのまま放置され、大阪のネグレクト事件（２０１０年に大阪市のマンションで2児が餓死《がし》した事件。母親は2児を閉じ込めたまま50日近く放置していた）のように命を落としていたかもしれない。

２人の少女はその後、本格的に２人を引き取り育ててくれる里親の下《もと》へと元気に巣立っていった。

## 外に出たことのない2歳すぎの女の子

２人の少女を保護した年のことであるが、生まれてから一歩も外に出してもらえない２歳過ぎの女の子を緊急に一時保護した事例もある。病院からの通告であったが、その子は精神を病んだ母親と２人暮らしで、暗い部屋の片隅で外部との接触もなく、ラジオの音だけを聞いていたということであった。

母親は他の島から働きに来ており、妻子ある男性の子を宿したようであるが、そのことを他人に知られたくないため、自宅で一人で分娩《ぶんべん》し、一人で育ててきたようである。

しかし、島には誰一人頼る人もいず、過酷な環境の中で、次第に精神を病んでいったようである。次第に働けなくなり、生活保護を受けるようになっていた。保護のワーカーからは、子どもがいるようであるが、部屋にも入れてくれず誰もその子どもを見たことがないという報告があった。そのため警察官立ち合いの下《もと》、部屋の中に入ることになり、強引に部屋に入ると、先に書いたように暗い部屋の片隅で、前髪で顔面が覆われた色の白い痩《や》せた女の子が無表情で座っていたという。

部屋の中にはゴミが散乱していた。母親は、即時精神病院へ入院となり、女の子は児童相談所で一時保護することになったが、女の子は泣くこともせず、子どもを保護した職員に爪を立ててしがみついていたという。

一時保護所では、24時間職員が子どもたちと寝食《しんしょく》を共にしており、その女の子も職員がつきっきりで世話することになった。足に障害はないようであるが立つことができず、食事もミルクしか与えられていなかったようで、食べ物を口にすると、材料の細かいネギを舌で吐《は》き出したと職員が驚いていた。それまで固形物は食べたことがなかったようで、流動食から始めることにした。

体力がついてくると2カ月後には立って歩くことができるようになった。しかし、外に出たことがないため靴はおろか草履《ぞうり》も履《は》いたことがないようで、靴に慣れさせるのに時間がかかると職員が嘆《なげ》いていた。

全て一からの育て直しが必要であったが、その成長のスピードは速かった。また、他人との接触が全くなかったため表情が硬かったが、それでも音楽をかけると音楽に合わせ体を揺らすと職員が喜んでいた。多分、自宅でもラジオで音楽を聞いていたからではないかということであった。

じっくりその子の成長を見届けたかったが、母親の姉が沖縄本島にいることがわかり、その姉に連絡をすると女の子を迎えに来た。一時保護してから4カ月が経っていた。言葉はまだでなかったものの、靴を履《は》いて歩くことはできるようになり、ふっくらとして肉付きも良くなっていた。その伯母にしっかりと抱かれ、女の子は退所していった。

## 笑い方を知らない女の子

児童相談所では、2歳ぐらいからの小さい子どもたちを一時保護することがある。その子どもたちを見ていて感じることは、生まれてから3年間は最も手がかかるが、その3年間に手抜きをすると、さまざまな障害が出てくるということである。

声を出すことはできても、言葉をしゃべることができなかったり、体の機能に問題はなくても立ったり歩いたりすることもできないということもあった。それを目《ま》の当たりにして驚きを禁じ得なかった。

私が最もビックリしたのは、笑い方を知らない女の子を見た時であった。これもネグレクト家庭の３歳の子であった。ある時、元気に外で遊んでいて、一人の子がヘマをしたので、皆でその子を笑っていたが、その女の子も確かに笑っているようではあるが、それが笑顔にはなっていなかった。口を真横に開けて口角を上げているが、目はつり上がり、顔全体の表情が硬かった。

多分その子は笑い方を知らないのであろう。つまり家庭で楽しく笑う機会がなく、母親からは笑顔を向けられることがなかったのではないかと推察された。その子はそのような家庭環境で育ったのであろう。先の２歳の女の子も笑った顔を見たことはなかった。

## 母親の帰りを待つ姉弟

その島においては、次から次とネグレクト家庭の子どもたちの問題が続出していた。

次のような事例もあった。

市街地から少し離れた地域から通報があった。最近、この地域にできたコンビニの前で、早朝から２人の幼い子どもが遊んでいる。遊んでいるというよりも、親の帰りを待っているようであるが、肝心の親を見たことがなく、いつまでも遊んでいるので、ぜひ、調査をしてほしいということであった。

それを受けて家庭訪問をしてみると、母子家庭であり、母親は市街地へ夜働きに出ているようであった。しかし朝になっても帰って来ず、それで幼い２人の子どもがコンビニの前で待っていたのである。

小学3年生の姉と5歳の弟であった。姉は弟に心配をかけまいと健気《けなげ》に振舞っていた。

姉弟に家へ案内してもらったが、部屋の中は乱雑で、台所のシンクには汚れた食器が溢れかえっていた。そこに、家庭生活の匂いは全く感じられなかった。親から見捨てられたかのように、時が止まっていた。

早速２人を一時保護したが、母親はなかなか現れなかった。帰ってきた時には、むしろ一時保護してもらって安心したようであった。

しかし、こちらでは問題が生じていた。上の女の子が人前では全くしゃべらない、場面緘黙児《かんもくじ》であるということがわかった。こちらのいうことは全て理解していて、頭を振って意思表示をしていたので、日常生活にさほど不自由を感じることはなかった。しかし、だからといってそのままにするわけにはいかない。治療をしなければならないが、その前に２人の処遇を考えなければいけない。

# 緘黙少女の天使の声

彼女の緘黙《かんもく》症状は、置きざりにされた環境の中、母親がいつ帰ってくるかわからないという不安のうえ、弟を守らなければならない極度の緊張感の中で発生したものと思われる。その後、見知らぬ場所へ連れて来られ、見知らぬ人たちの中で心が休まるヒマもなく、緘黙症状が続いていると思われた。

彼女に必要なことは、大勢の人たちの中で生活することではなく、少人数の中で安心できる心休まる環境の中で生活することではないかと思われた。そのためには、集団で生活する施設ではなく、学校も小さな小規模校がいいのではないかと考えた。

そのためには、姉弟を預けるのは施設などではなく里親で、しかも小さな学校がある離島の里親がいいのではないかと考えた。また、2人の置かれた状況を理解し、特に緘黙の姉のことを温かく見守ってくれる里親でなければいけないということで、適任と思われる里親を探すのに時間がかかった。やっとある小さな島の、温《おん》厚《こう》な里親を捜し出した。学校も小規模校で全生徒数が10人に満たず、先生ともマンツーマンで指導してもらえるという理想的な環境であった。

無事2人を里親に預《あず》けることができたが、果たしてこちらの思惑《おもわく》通りうまくいくか心配であった。それから4カ月後、里親から弾んだ声で電話があった。

「あの子がしゃべりました。まるで、天使のような声で、ママ、ママと呼んでくれました。本当に可愛い鈴の音のような、天使の声でした」と、最後は涙ぐんでいた。

幼い2人は、母親から置き去りにされ、どんなに不安であっただろう。そして知らない大人たちに連れられて、知らない所で、知らない人たちの中で生活するということがどれほど大変なことか。少女は「しゃべらない」ということで、その不安を精一杯表現していたのではないかと思われた。

幸い、心優しい里親の下《もと》、自然豊かな環境に囲まれ、安心できる人たちの中で生活することにより、やっと心を開いたのではないか。そのまま彼女が大勢の人たちの中で生活を続けていたとしたら、心を閉ざしたまま、しゃべらなくても生活できる方法が定着し、緘黙《かんもく》症状は彼女の個性となっていったのではないかと思われる。
ここでもまた、ネグレクトの怖さを思い知らされた。

## 望まれず生まれた子

児童相談所に勤務する中で、多くの里親に助けられてきた。特に一時保護所が満杯の時の一時保護委託や、施設ではなくどうしても里親でなければならないケースもあった。これから述べる児童は、まさに里親の尽力により救われたケースである。

沖縄本島のある小学校の校長先生から、小学2年生の女の子の通告があった。ぜひ児童相談所で指導してほしいということであった。

その内容は、女の子が放課後学校の屋上で友達と遊んでいた時、一人の女の子が大事に抱えていた子犬を奪い取り、屋上から下に投げつけた。その子犬が外階段の踊り場に落ちたので、そこへ駆けつけ子犬を拾い、また下の地面に投げつけたという。その様子を見て、とてもこれは尋常ではないということで怖くなり、通告してきたわけである。

学校側は、これまでもこの子が嘘《うそ》をついたり、暴言を吐《は》いたりさまざまな問題があり、これも家庭環境等からきているのではないかと不憫《ふびん》に思い指導してきたという。しかしこの事件があってから、これ以上学校側だけでは対応できないということで、通告してきたわけである。

その女の子は、望まない妊娠、望まない出産で生まれた子であった。

若い母親は、未婚でこの子を出産したが、事あるごとに「お前なんか生まなければよかった」と言い続けてきたようである。そのため女の子は、幼少の頃から外で遊ぶようになって家に帰りたがらず、そのため警察官に保護されることがたびたびあったようである。警察から引き取りに来るように言われても、母親はその子はうちの子ではないと引き取りを拒否し、やむなく、近くに住む母方の祖母が引き取りにいったというエピソードを紹介された。

そういう経緯で女の子は保護されたが、活発で自分の気持ちをはっきり述べる少女であった。母親には絶対会いたくないと拒否していた。しかし祖母には会いたいというので面会させた。祖母は彼女を引き取るだけの余裕はないが、母親の下《もと》にだけは帰してほしくないと述べていた。これまでの母親の仕打ちに対して、とても胸を痛めていたようである。

少女は生まれてからこれまで、母親の愛情を知らず、そのうえ、言葉による虐待を受け続けて成長してきていると思われた。そのため、母親を拒否していた。そのような親の下《もと》に帰すわけにはいかないということで、彼女を個別に温かく育て直しをしてくれる里親に預《あず》けるという方針が決定した。

## 慎重に里親を選ぶ

しかし、ある程度年齢がいった子どもを里親に預けるにはさまざまな困難が伴う。しかも彼女は心理的虐待の後遺症を負っているのである。よほど力量のある里親でなければいけないということで、里親探しには慎重を期した。

幸い、沖縄は復帰前から里親開拓に力を入れてきた結果、里親の受託率が高く、里親同士の交流も活発であった。特にその頃の里親会は会員数も多く、活動も盛んで、県と一緒になってさまざまなイベントを開催していた。その甲斐あって、里親希望者は離島からも応募があり、施設の少ない沖縄県ではとても有難いことであった。

そのような中、少女は離島の里親にお願いすることになった。まだ里子を預かったことはないという里親であったが、年齢的にも若く、実の子がなく、少女一人に集中して育てることができるということで選定した。

里子と里親とのマッチングはとても重要であり、失敗は許されない。もし、相性が合わず、子どもを返すことになると子どもは親からも里親からも2度棄《す》てられたということで、とても傷つく。また里親も、自分の育て方が悪かったのではないかと自分を責め、自信を失くしてしまうことも多い。

そのため、預ける前に何度か児童相談所に来てもらって、面接を重ね、徐々に会う時間を長くしていく。それから里親宅にお泊りをさせ、子どもから里親の所に行きたいという言葉が出て初めて里親への委託を行う。

少女も何度かの面接を重ねて里親との交流を図ったうえで、里親に引き取られていった。

私の長い児童相談所勤務の中で、唯一心が和《なご》むのは、児童相談所で一時保護した子どもが里親に引き取られていく時であった。

里親は、子どもを引き取る際、やっと自分の子どもができたという嬉《うれ》しさで満面の笑みをたたえている。引き取られていく子どもは、自分は選ばれ、望まれていくという誇らしさがありながらも、やや緊張した面持ちで、里親と手をつないで児童相談所を後にする。その後姿はいつ見ても胸がいっぱいになる。これからは幸せになってほしいと心から祈らずにはいられなかった。

## 「見せかけ」と「試し」

里子が里親宅に順応《じゅんのう》していくためには、いくつかの法則がある。

一つは、見せかけの法則である。どんな子どもでも、里親と最初面会するときは緊張し、「良い子」を演じる。

なぜなら、良い子でないと里親に受け入れられないと子ども心にも察知《さっち》するからである。それはどんな小さな子どもでも変わらない。それを見て里親は安心し、こんないい子であればということで、引き取りたいと思うのである。それは、里親宅に引き取られていくまで続く。

二つ目が試しの法則である。

里親宅に引き取られて、里親宅の様子もわかり、里親に対してもある程度心が許せるようになると、子どもは安心し、試しの行動を行う。つまり、良い子を演ずるのをやめるのである。自分本来の姿を出していき、この里親はどこまで自分が悪いことをしても許してくれるのか、とさまざまな試し行動を行うのである。

それをすることにより、こんな悪いことをしても、この里親は本当に自分のことを愛してくれるのか、と試すのである。もちろん、子どもはそのことを意識して行ってはいない。

先の女の子も最初は里親と仲良く、何事もなく過ごしていたが、それからしばらくして里親から沈んだ声で電話がかかってきた。あの素直で大人しい少女に自分が大事にしていたアクセサリーを見せたら、その後それがなくなっている。どうも少女が隠し持っているようである。いくら聞いても知らないと言い張るので、とてもショックである。こんな子はとても預かれないといってきたので、「試し行動」の話をした。

その子はそれまで母親から疎《うと》まれ、母親のアクセサリーなど触ったり、見たこともなかったのではないか。それで、今回見せてもらったアクセサリーに興味を持ち、しばらく手元に置きたかったのではないかと思われるので、もう少し静かに待ってもらいたいとアドバイスした。

幸い理解力のある心の広い里親で、こちらのアドバイスを受け入れ、そのことで少女を責めずに普段通りに過ごしていたところ、アクセサリーはきちんと元の場所に戻っていたという。

それからは、二人の関係はいっそう密《みっ》になり、本当の親子として成長していった。

このケースでは、里子の心理が前もってわかったため、的確なアドバイスができ、無事試練を乗り越えることができたが、中には残念ながらそれがわからずに、失敗したケースもある。里親にも里子にも大変申し訳なかったと悔やまれてならない。

その後も里親の皆さんには、大変お世話になった。里親なくして、沖縄の児童福祉は成り立たなかったといっても過言ではない。これも、児童相談所の先輩職員の皆さんが里親を大事にし、里親育成に力を注いできたからではないだろうかと心から感謝している。

第5章

# くり返される性的虐待

# 少女が一人暮らしする理由

私が児童相談所へ戻ってきてから、こんなにも中身が重篤化《じゅうとくか》しているということを思い知らされたのは、次に紹介する少女に出会ったからである。

全くなす術《すべ》がなくて対応に苦慮し、今でも思い出すと胸が締め付けられ、無力感に打ちのめされる。

私が赴任した時、すでにその少女は一時保護された後で、在宅で指導が行われていた。

ところがその住まいでは、少女一人が部屋を借りて住んでいるということであった。まだ中学生である。なぜ、一人で住むことになったのか？　少女に家族はいないのか？　大きな疑問であったが、担当職員に聞くと、それしか方法がなく苦肉の策であったのだという。

少女は両親と弟妹の5名家族であった。しかし、母親は父親からの激しい暴力に耐えられず、命あってのことだからと、一人で県外へ逃げて行ってしまっていた。

　母親のいない寂しさと不安の中で、それでもいつか母親が必ず迎えにくるのではないかと待ちわびている中、悲劇が起こった。父親が少女に性的虐待を行い始めたのである。そのことを予感したのか、母親がもしやと思って少女に電話をしてきた時、既に性的虐待は行われていた。母親は急遽《きゅうきょ》沖縄に戻り、少女などを引き取ったが、少女の母親に対する怒りは凄《すさ》まじかった。

　お前のせいで自分は父親の犠牲になったと母親を責めたてるが、母親も父親のＤＶによってＰＴＳＤを負っており、とても少女の怒りを受け止めるだけの余裕はなかった。激しい喧嘩《けんか》となり、２人一緒に生活させることはできないと、少女を児童相談所が預《あず》かることになったという。母親は地域の保健師が対応することとなった。

　２人ともそれぞれ別の精神科の病院に通院して治療を受けることになった。当初少女は児童相談所での一時保護を試みたが、自傷《じしょう》行為が激しく、集団生活は不可能ということになった。そして、やむを得ない措置《そち》として、一人でアパートを借り生活をさせることになったのである。

## 母親を責め立てた後に

児童相談所の職員はもとより、学校の先生や地域の民生委員・児童委員の皆さんと協力をして見守っていくということになっていたが、まだまだ親の庇護《ひご》を必要とする中学生の女の子である。しかも、心身ともに深く傷ついている少女である。とても落ち着いて一人で生活できる状況ではなかった。また、いくら関係者が連携をとったとしても、24時間の見守りには限界があった。

このような時、虐待された児童を治療するため、医者や看護師、臨床心理士が常駐する施設である「情緒障害児短期治療施設」が県内にあれば、入所させて治療ができたであろうに、そして県内に児童精神科の専門病院があれば、入院措置《そち》が取れたであろうに、と思うばかりであった。ないない尽くしの中、少女が一人で生活をするという措置が取られたのである。

案の定少女の生活は乱れ、部屋には酒瓶が転がり、地域の不良仲間のたまり場となっていった。母親もその状況に心を痛め、少女の留守を見計らって少女の部屋に出向き、掃《そう》除《じ》をすることもあった。

そのような時に事件が起こった。

少女が学校へ行っている時間帯に、母親が少女の部屋へ来て掃除していたその時、少女が帰ってきて鉢《はち》合《あ》わせをしてしまったのである。例によって大《おお》喧《げん》嘩《か》となってしまった。事件はその後起きてしまった。翌朝、少女の住んでいるアパートの屋上から、母親が飛び降り自殺をしてしまったのである。

その一報を受けた時に、ショックを受けたのはもちろんであるが、私たちはまず少女の後追い自殺を防ぐことを考えなければならなかった。少女の身を守らなければいけないと考えた。

急《きゅう》遽《きょ》、少女が通院していた病院へ出向き、少女の心のケアと身《み》柄《がら》保護を兼ねて入院措置を担当医師に懇《こん》願《がん》した。

当時、沖縄には児童が入院できる精神科の病院はなかった。あくまでも緊急措置であり、少女を一人にするわけにはいかず、担当医師に頼み込むしかなかった。幸い、担当医師も少女の置かれた状況を危惧《きぐ》していて、彼女の心理的ショックのケアと身の安全のため、担当医師が24時間体制で見守りを行うということを約束してくれた。

　しかし、その期間は母親の葬儀を行うまでということになった。その間、児童相談所は少女の次の行き先を探さなければならなかった。県内の国立の精神病院をはじめ、私立の精神科病院へ少女の入院を依頼したが、少女を大人と一緒の病棟《びょうとう》へ入院させるわけにはいかないということで全て断られてしまった。

　なす術《すべ》もなく困っている時、担当医師が県外の国立病院を紹介してくれた。少女の状況と県内の医療状況を説明し、やっと受け入れてもらうことになったが、6カ月という期限付きであった。それでも今の彼女を預かってくれるところがあるということは、児童相談所にとって本当にありがたいことであった。

## 児童福祉行政の貧困

母親の葬儀を無事終え、少女もそれに参列したということであったが、感情を表に出すこともなく静かに参加していたという。おそらく薬で感情を抑えられていたためであろうが、彼女の身に起こった出来事は、すでに彼女の心の許容範囲を超えてしまっていたのではないかとも思われた。

少女の移送についても心を配り、細心の配慮《はいりょ》を行った。担当のケースワーカーと彼女の担当医師に同行してもらって県外の病院へ無事入院させることができた。

まさか、性的虐待のケースがこのような最悪の結果になろうとは思わなかった。まさに、本県の児童福祉行政の貧困が招いた結果ではないか。もし、本県に虐待された子どもたちの治療施設である「情緒障害児短期治療施設」があれば、このような結果にならなかったのではないかと悔しかった。県外にはすでに設置されていた施設であった。

少女は母親が出て行った後、どれだけ不安だったことか、そしてどれだけ母親の名を呼び、叫び、助けを求めていたのか。計り知ることのできないほどの少女の怒りを、私たちは受け止めることができなかった。せめて本県に精神科の思春期外来があり、入院できる思春期病棟があればと医療体制の不備も痛感した。

虐待の現場から子どもを助け出したとしても、最終的にその子どもを救いきれない無力感に打ちのめされた。

少女を県外に送り出して間もなく、私たちは少女が退院してくる6カ月後の受け皿を探さなければならなかった。再度、県内の精神病院へ少女が置かれた状況を説明してまわった。幸い県内の国立病院が引き受けてくれることになったのだが、そこには大人用の入院施設しかなかった。しかし、県内で引き受けてもらえるだけでありがたいことであった。

半年後少女は退院してきたが、元の活発な少女の姿はなかった。残念ながら、薬の副作用のせいか動作は緩慢《かんまん》で、表情も無表情に近かった。

## 助けられてもその後のケアはできず

その後も性的虐待を受けた少女は後を絶たなかった。しかし、児童相談所でできることは、虐待の現場から少女たちを助けだすことしかできず、心と体に受けた深い傷の治療はできなかった。

児童相談所では、一時保護した後、施設入所させるということを行っていた。しかし被害を受けた少女たちがなぜ、施設へ行かなければならないのか、考えてみると非常に理不尽なことであった。

なぜ自分が住み慣れた地域を離れ、友達とも別れ、学校も転校しなければならないのか。また、全く知らない人たちと暮らさなければならないのか。少女たちの不安は、想像以上であろう。

そのことを教えてくれたのは、ある離島の一人の少女であった。彼女は性的虐待を受け、一時保護所に保護されていた。その後、沖縄本島の施設へ入所させて私たちはほっとしていたが、間もなくするとその少女は施設から逃げ出し、島へ帰ってしまったのだ。

その時は「なぜ？」と思ったが、離島出身者であれば、よく考えてみると理解できることであった。陸続きであればまだ安心感はあるが、海を越えて来るということは、とてつもなく遠い所へ来てしまったという寂寥感《せきりょうかん》を持つのであろう。ましてや地理もわからず、知っている人もいない環境の中、どれだけ不安であっただろう。彼女が逃げ帰ってしまった後でわかった。

幸い親戚の家に引き取られたということで、ひとまず安心したが、それで彼女の治療が終わったわけではない。その後のケアまで含めた対応が必要であったが、当時の児童相談所にはとてもそのような力はなかった。そのため、多くの性的虐待を受けた子どもたちは、ほとんどが心の治療もなされぬまま、施設へと入所していった。

## 虐待を受けた姉からの訴え

その頃、性的虐待に対しては以前と比べて社会的認知がなされるようになっていたので、通告は各方面からあった。しかしそのほとんどは、性的虐待を受けた後の通告であった。

その中で唯一、性的虐待を未然に防いだケースを紹介したい。

ある精神病院の医者から通告があった。自分が診《み》ている患者の女性から、どうしても児童相談所に電話をしてほしいと依頼されたという。

内容は、自分は父親に性的虐待を受けて精神を病んでしまったが、家には自分の妹がいるので、その妹のことがとても心配である。何とか被害を受ける前に妹を救い出してほしいということであった。

早速児童福祉司が病院へ出向き、姉から詳しく話を聞いて戻ってきた。話の内容には信ぴょう性があり、姉の言うところによると、自分は父親の犠牲になってこうなってしまったが、可愛い妹はぜひ守りたい。何とか妹を救い出してほしいと涙ながらに訴えていたという。

性的虐待は受けた後の予後《よご》が非常に悪く、魂の殺人ともいわれるほど深く心を傷つける。早速担当の児童福祉司に家庭訪問をして妹に会い、姉の話を伝えて事の重大さを理解してもらえるよう調査と説得を依頼した。しかし、戻ってきた児童福祉司が言うには、妹は状況をよく理解しておらず、そのまま家にいたいと言っているとのことであった。

果たしてそのまま家にいても大丈夫なのか、私たちが一番心配したのは家庭という密室で、自分の身を守れる場所があるのか。せめて自分だけの個室があり、中から施錠《せじょう》ができるのだろうか。しかし家の中は狭く、部屋は2部屋しかないという。寝室には鍵もなく、広間の一室で家族全員が寝ているということであった。しかも、父親は明らかに精神を病んでいるようで、性的な意味不明のことを話していたという。

## 性的虐待を防いだただ一つの例

一刻の猶予《ゆうよ》もなかった。問題はいかにして妹を説得するかであった。

私は若い児童福祉司に、もし、あなたが彼女の立場に置かれていたらどうしますかと、自分の立場に置き換えて説得してほしいと依頼した。

妹はまだ父親の怖さを知らず、なぜ自分が一時保護されなければならないのか理解できなかったと思われる。しかし、性的虐待の被害は、家族に姉妹がいれば必ずといっていいほど、姉妹とも被害を受けていく。そのことは当時の児童相談所でも十分認識され、児童福祉司も共有していた。また、勇気を出して性的虐待の事実を告白してきた姉の思いをわかってほしいという思いで、児童福祉司は妹を説得することができた。そして無事一時保護をすることができたのである。

父親はその後児童相談所に娘を返せと文句を言ってきたが、姉の強い思いを盾《たて》に帰すことはしなかった。しばらくして父親は精神病院へ入院したという。

私にとって、後にも先にも性的虐待を未然に防止できたのは、この一件だけであった。妹はその後順調に施設から高校へ通い、無事高校を卒業していった。予防に勝る治療なしというが、まさにそのことを心から実感した事例であった。

その後、私たちは県内に「情緒障害児短期治療施設」を設置してほしいと県本庁に要望した。児童養護施設からも要望が出された。

しかし、その施設が県内に出来たのはそれから実に18年後のことであった。

第6章

# 戦国時代のコザ児童相談所

# 一時保護所のない児童相談所

私がコザ児童相談所に2度目の赴任《ふにん》をしたのは、２００４（平成16）年４月で、役職は所長であった。２００４年といえば、北谷町で中学生による集団暴行死亡事件が発生し、県内だけでなく、全国にまで報道された大きなニュースとなった年の翌年である。事件が起きた北谷町はコザ児童相談所の管轄《かんかつ》であり、まさに集団暴行死亡事件の後始末にいくようなもので、大変な時に赴任したと正直思った。

案の定《じょう》内部は混乱状態にあり、おまけに職員も少なく、運転手付きの公用車は1台しかなかった。そして肝心《かんじん》な一時保護所がなかった。当時、虐待された子どもたちの通告はすごい勢いで増えていた。一時保護所がないということは、そういう児童をすぐに保護できないということであった。一時保護所はそれだけでなく、非行で家出中の児童や、警察から身柄付きで送致《そうち》される児童などを保護する場所でもあった。

　一時保護所のない児童相談所は、両手をもがれた状態で仕事をするようなもので、児童相談所の体《てい》を全くなしていなかった。一応、那覇市にある中央児童相談所にある一時保護所を共有利用ということになってはいた。しかし、一時保護するにしても、コザ児童相談所のある沖縄市から那覇市の首里石嶺まで児童を連れて行かなくてはならず、非常に不便であった。

　コザ児童相談所の管轄は北部地域も担当エリアに入っていたので、時には名護市で虐待された子どもを保護し、那覇市にある一時保護所まで移送した後、また名護市に戻って今度は子どもの親を面接するということを行うこともあった。

## 行動観察もままならず

　赴任してまず感じたことは、虐待ケースのみでなく、非行相談ケースが非常に多いということであった。前年の集団暴行死亡事件の影響を受け、管轄内の中学校から非行児童の一時保護依頼が引きも切らさなかった。それまでは郵送されてくることがほとんどであった一時保護依頼書を、事件後には各学校の校長たちがこぞって持参してくるという異変が生じていた。それだけあの北谷の集団暴行死亡事件は、関係者に衝撃を与えていたことがわかる。

コザ児童相談所には、非行相談担当は2名しかいなかった。男女ペアのベテランの児童福祉司が配置されて精力的に動いていたが、肝心な一時保護は虐待された子どもが優先されるので、なかなか非行児童を保護することができなかった。

非行児童を処遇《しょぐう》するにあたって一時保護は重要な機能を持っている。一時保護所では、ベテランの児童指導員や保育士が24時間児童と寝食《しんしょく》を共にし、子どもたちの非行傾向や基本的生活習慣、基礎学力の把握などといった行動観察を行う。この行動観察なくして、非行児童の処遇決定ができないといっても過言ではない。

非行担当の児童福祉司は自分の担当するケースでは、どの子も大事にしたうえで、何とか今の状況から救いたいと必死であった。そこで、一時保護所と絶えず連絡を取り、空くのを待って処遇を進めていたが、あまりにも担当するケースが多く、どの子を優先すればよいのか多難をきわめていた。

中には一つの家庭に、異母異父兄弟の中学同学年の２名の非行児童がいて、担当児童福祉司は誰から先に一時保護すればよいのか悩んでいた事例もある。異母異父兄弟とは、母親と父親が互いに中２の子が２人、中３の子が１人と連れ子をして再婚したところ、その子ら３名とも非行に走っていたというケースであった。

それぞれの子どもにとっては、ある日知らない女性が母親となり、知らない男性が父親となり、そして知らない子らと一つ屋根の下で一緒に生活しなければならないということである。それは、苦痛以外の何ものでもないと思われる。しかも思春期真っただ中の多感な時期である。３名の子は競うように非行に走り、とても両親の手に負えなかった。家出を繰り返し、やっと１人を一時保護したのも束の間、すぐに他の兄弟を保護しなければならないという状況に追い込まれていた。

そのような時、一時保護所が当所にあればもっと迅速《じんそく》に対応ができると痛感していた。そして、もっと職員がいれば１人で兄弟３名を同時に担当せずに複数の職員で担当し、余裕をもって丁寧《ていねい》に対応ができるのにとも。

# 限界超える相談受理件数

児童相談所では、毎週受理会議というのがある。前の週で受け付けた相談を、児童相談所の担当ケースとして受理するかどうかを決める会議である。児童相談所の受理が決定されると、担当の児童福祉司を決めていき、毎週4、5件ずつ、1人の児童福祉司に割り当てられていく。それが毎週なので、ひと月に15、16件、多い時には20件ほどが割り当てられていくこともある。

しかし1人の児童福祉司が対応できる件数は、月に4、5件が限度である。なぜなら1件、つまり1人の児童の処遇には最低1カ月程度を要するからである。

児童福祉司はケース（児童）を割り当てられると、まず本人と面接しなければならない。ところが非行の子どもたちは家庭訪問をしても家にはおらず、学校へ行ってもほとんど学校へは来ていないので、まず本人と会うのに時間がかかる。

それから家庭訪問をして親と面接を行うが、既にさじを投げ、中には好きなようにして下さいという親もいる。しかし、親の協力なしに子どもの処遇《しょぐう》はできないため、根気強く一緒に子どものことを考えていきましょうと説得して、協力態勢を作っていく。

さらに学校を訪問し、担任から本人の情報をもらって警察へ出向き、少年係から非行の情報を得るという社会調査をしなければならない。そして本人を見つけて説得し、一時保護を行い、行動観察・心理検査といった順序を踏む。

それら諸々《もろもろ》の調査結果を基に処遇会議を開き、少年の処遇が決定されていく。しかし、その間に少年が一時保護所から逃げ出すことがあれば、処遇の決定は止まってしまう。一時保護所はあくまでも子どもを保護する施設であり、子どもを拘束《こうそく》することはできないのである。それ故《ゆえ》、職員の隙《すき》を見て逃げようと思えば逃げることは可能なのである。

コザ児童相談所に赴任して1カ月が経過すると、とても現在の状態では、児童相談所の業務が遂行《すいこう》できないという現状を目の当《ま》たりにした。当時の状況を他府県の児童相談所と比較しながら振り返ってみたい。

## 一時保護の依頼に対応できず

児童相談所は、18歳に満たないすべての児童の相談に応じるとし、「その他」を含め15種別の相談内容がある。それには虐待を含む養護相談、疾患《しっかん》等を有する子どもの保健相談、障害のある子どもについての障害相談、非行の子どもたちの非行相談、性格行動、不登校、適性、躾《しつけ》などの育成相談などがある。

それら相談種別の中で、調査や指導等処遇に最も時間と労力を必要とするのが、虐待を含む養護相談と非行相談だといわれている。２００２（平成14）年の全国の児童相談所の統計では、全相談に占める非行相談の割合は３・９％である。しかし本県の割合は８・２％で全国の２倍以上。いかに非行相談が多いかということがわかる。

コザ児童相談所においては、非行相談が２０００年から毎年増加傾向にあり、03（平成15）年は前年を89件上回り、２３８件と過去最高となっていた。これは同年

6月末、管内において中2暴行死亡事件があり、そのことで管内の学校、警察が危機意識を持ち、職員の増員など積極的に対応をとったことで掘り起こしをした結果だといわれている。

コザ児童相談所の非行担当は2名であるが、当時そのうちの1名が5カ月間休職をしていた中で、死亡事件が発生した。現場の混乱は相当なものであり、職員総出で対応したものと思われるが、よくこれだけの少人数でと感心した。

しかしその分の歪《ゆが》みは、確実に日常の業務に表れており、その年受け付けた件数の大半は未処理で残っていた。そのため関係機関、特に学校や警察からの不信感は強く、児童相談所に通告してもきちんと対応してくれない、昨年から一時保護を依頼しているにも関わらず、未《いま》だ保護されていないという声が多く聞かれた。

## 非行担当職員の増員を要望

当時、早急に一時保護を必要とする児童が10名余待機していた。しかし、現状ではいつ一時保護できるか確約できず、児童相談所の信頼を著しく失墜《しっつい》しているといわなければならなかった。前任者からの未処理件数が山積《さんせき》している中で、次から次と新たなケースの割り当てがあり、児童福祉司２人の対応に限界を感じていた。とても２人で処理できる状況ではなかった。

当県の非行児童の背景はほとんどが家庭に問題があり、大半は単身世帯で、ネグレクト状態の家庭で子どもたちが育っている。その結果、躾《しつけ》などはほとんどなされず成長し、基本的生活習慣や社会規範などを習得せぬまま成長して思春期を迎え、さまざまな問題行動を起こしている。中には、飲酒・喫煙・深夜徘徊《はいかい》・万引き・家出・怠学《たいがく》をし、補導歴数十回という強者《つわもの》の少年もいた。

そのような児童が唯一親から与えられる躾は暴力であり、それによってさらに非行が悪化していくというのが本県の非行児童の特徴である。そのような非行児童を指導していくということは、いくら専門機関である児童相談所においても困難であり、大変な労力を必要とした。

とても現在の状況では対応できないことは明らかだった。そこで、早急に非行担当職員を増員し、迅速《じんそく》な処遇ができる態勢を整えてもらいたい。まずは緊急的な当面の措置として、最低１人の非常勤職員を早急に配置してもらいたいと切《せつ》に要望した。

## 虐待相談は全国の2倍

養護相談とは、子どもの養育が困難な場合に子どもを預かることができるかという相談であるが、近年は親が子どもを虐待しているという相談が主流となった。２０００（平成12）年に児童虐待防止法が制定され虐待の定義が明確になると、児童虐待の早期発見や通告を受けた児童の速やかな安全確認、一時保護など児童相談所の責務が一層重要視されるようになった。

大阪で起きたネグレクト事件（109頁参照。２児の遺体発見までに虐待を疑う通報が児童相談所に何度もあったことが問題視された）をみてもわかる通り、児童相談所に通告されれば、その後の責任は全て児童相談所が負うことになる。たとえ児童相談所の人手不足であろうと、一時保護所が満杯であろうと、「児童相談所に通告したにも関わらず」という言葉がついてまわるということになる。

　コザ児童相談所の虐待相談件数は、年々増加し、２００２（平成14）年度は中央児童相談所を47件上回る２０７件あり、翌03（平成15）年度は１８９件となっていた。この虐待の相談件数は、東京都や神奈川県、千葉県などの大都市並みの件数であり、人口比からからすると全国平均の2倍以上となっている。

　虐待の相談件数に照らし合わせると、コザ児童相談所の職員数15名は全国最下位であった。同数の虐待件数を取り扱っている他児童相談所の職員数は、最低でも東京都北児相25名（１７６件）、東京都立川児相46名（１３８件）、茨城県中央児相51名（１９８件）、神奈川県中央児相62名（２１０件）となっていた。当所の陣容は、他児相とは比較にならないほど劣悪な状態にあるといっても過言ではない。

　ちなみに、職員数がコザ児童相談所と同程度の他児相の相談件数は、福島県会津児相17名（７５９件うち虐待件数43件）、青森県八戸児相19名（９６３件、うち虐待８件）、愛媛県南予児相16名（４２３件、うち虐待18件）となっていた。当所は職員15名で、受理件数は１６２８件、うち虐待は１８９件であった。いかに当所が厳しい状況にあるか、もはや当初の相談件数は職員の対応処理能力をはるかに超えていたということがわかる。

コザ児童相談所における虐待相談の初期対応は、正職員1名と、嘱託《しょくたく》職員１名の2名体制であった。虐待の通告があると、まず初期対応職員が現場に直行し、児童の状況を確認するということが行われるが、現場には最低でも２人で行かなければならない。中には、泣き声通報といって、近くのアパートから赤ちゃんの泣き声が聞こえるという通報もあり、どこの誰かよくわからない中、調査を始めなければならないということもあった。

初期対応職員の最も重要な仕事は、まず通報された子どもに会って、一時保護をするかどうか判断することである。そのまま親の下《もと》に置いておけば命に関わるかもしれないという危険な状況であれば、子どもを一時保護するという非常に責任の重い仕事である。

子どもを一時保護するためには、親の同意を得なければならないが、ほとんどの親は自分が虐待していると言われると烈火《れっか》のごとく怒り、一時保護などもってのほかで、同意するはずもない。そのため、一時保護については親の同意がなくても、児童相談所の所長権限で一時保護できるという職権保護が認められている。

しかし、職権保護を行うと完全に親と対立する構図となり、中には子どもを返せと児童相談所に押しかけたり、電話攻撃が続いたりと、その後の対応が非常に難しくなるケースもある。しかし、そうでもしなければ、子どもを一時保護できないということでもあり、もしそこで躊躇《ちゅうちょ》すれば、児童相談所が関わったにも関わらず、子どもの命が奪われるという最悪の状態になることになりかねない。

## 児童相談所長のみの権限

子どもを一時保護できるという権限は、実は警察にも学校にもなく、児童相談所長しか持っていない。そういう意味で、子どもの命を守るという児童相談所の責任は重く、絶えず親の下《もと》にそのまま置いていても大丈夫なのかという判断を迫られていた。その判断を誤ると家庭という密室の中、誰も子どもを守る人がいない中で子どもの命が危険にさらされるということになりかねない。特に小さな子どもたちは逃げることもできず、頭など打ちどころが悪ければ、最悪な場合命を落としてしまうことになる。

そのため、私は虐待する親を救うには、子どもを一時保護することが一番有効な方法であると思うようになった。親を殺人者にしないためには、子どもを親から離すことである。

虐待されている子どもにとって、一時保護することは身の安全だけではなく、子どもの心の傷を知ることができるという大きなメリットもある。虐待された親からようやく離れ、安全な場所にいて、子どもは初めて自分の心を開放することができる。一時保護所の機能には行動観察とともに、短期治療がある。

私は、虐待された子どもは全て心の傷を負っており、短期治療を行うことができればと、常々思っていた。しかし、残念ながら県内の児童相談所の一時保護所は絶えず満杯状態であり、一時保護の待機児童がいるという危機的状況に陥っていた。

相談の流れからすると、初期対応職員が調査し一時保護した後は、養護担当職員に担当が代わる。そして、養護担当がその後の処遇《しょぐう》を進めていくことになるが、コザ児童相談所においては、虐待を含む養護相談が増加の一途を辿《たど》っていた。２００２（平成14）年度は前年の2倍強の６３６件、翌03年度は６８１件と過去最高となっていた。この件数は１９９８（平成10）年度と比較すると約5倍の伸びとなっており、1人平均２００件余を担当することになる。その中には虐待件数も含むので、職員は緊急を要する虐待の対応に追われ、職員の負担は相当なものがあった。

ちなみに私が赴任して1カ月の間に、一時保護した児童は10名であり、そのうち一時保護所に保護できたのは4名だった。他の6名は一時保護所が満杯のため、他の場所に一時保護委託せざるを得なかった。他の場所といっても、一時保護できる場所は施設か里親宅に限られており、その場所を探すのがまた大変な作業であった。施設は定員に空きがなければ、一時保護委託はできない。

その年の年度当初の施設の空き状況は、27名であり、年間50名余の施設入所がある中、どのように1年間対応していけばよいのか予想もつかなかった。また、里親宅の一時保護委託については、いきなり知らない子どもを預《あず》かるということになるので、里親宅においても負担は大きかった。しかも、一時保護委託の費用は安価であり、経済的にも負担をかけることになる。しかし、どの里親も児童相談所から依頼があると、できるだけ協力するという姿勢で対応してくれた。そのことは、今思い出しても感謝しかない。

## 公用車フル回転

そういう綱渡り的な状況の中で、職員の増員は緊急かつ必要不可欠であるが、このままでは内部事務体制が崩壊するというところまで追い詰められていた。しかし、新年度を迎えたばかりで職員の増員は無理であった。そのため職員の負担を少しでも減らすべく、私は、各大学から依頼がある学生の職場実習を全て断った。そのことは大学だけでなく、学生たちにも多大な迷惑をかけることになるということを、当時は知る由《よし》もなかった。

とにかく、必死であった。

一番大変だったのは、一時保護所がないということであった。一時保護所は全ての子どもにとってのセーフティネットであり、被虐待児童にとっては命綱《いのちづな》である。その一時保護所がコザ児童相談所にないということは、多大な時間のロスと児童の処遇上大きな問題を生じていた。一番の時間的ロスは、担当の児童福祉司や心理判定員が自分の担当の子どもに会うために、わざわざ中央児童相談所まで出かけなくてはいけないということであった。

つまり、沖縄市にあるコザ児童相談所から那覇市の石嶺にある中央児童相談所まで会いに行かなくてはいけなかった。中でも一番大変なのは、虐待の初期対応職員で、1日に何度も中央とコザを往復しなければならなかった。

そういう地理的不便さを抱えているにも関わらず、当所には運転手付き1台と軽自動車1台の2台しか公用車はなかった。

緊急に子どもを保護するため、また子どもの身の安全を守るために運転手付きの公用車はフル稼働《かどう》状態であった。ちなみに職員の4月の出張回数は、初期対応職員26回、養護担当職員16回、非行担当職員12回、心理判定員9回であった。これより日常業務をこなすためには、何度も出張しなければ業務がこなせなかったかということがわかる。公用車は業務遂行《すいこう》するための必需品であり、最低でも別に3台は必要であった。しかし、これも年度当初のことであり、増車は期待できなかった。

## コンビニ強盗少年の行方

たとえ児童相談所に一時保護所がなかろうと、職員の数が少なかろうと、次から次とさまざまな相談が待ったなしに押し寄せてきた。その中からいくつか取り上げてみたい。

赴任《ふにん》して間もなく、管内においてコンビニ強盗が発生した。強盗を働いた犯人が少年のため当所へ送られてきたが、14歳以下の少年であったので、児童相談所での対応となった。

なぜ少年がコンビニ強盗をと思ったが、その理由を聞いて唖然《あぜん》とした。警察官も最初は、ゲーム代ほしさとか小遣《こづか》い銭《せん》ほしさなど、少年らしい理由を考えていたようであるが、取り調べをしていく中であまりにも理不尽な理由に呆《あき》れていた。私たちもその理由が少年の生い立ちと深く関係があり、彼を事件へと追い立てた周囲の大人たちに腹を立てていた。

　少年は若年の両親の下《もと》で生まれたが、父親の生活力と母親の育児能力がないため、若い母親は少年を置いて家を出ていってしまった。父親は困り、幼い少年を彼の実家に預け、本土に就職していった。それ以来、少年は両親と会ったことはない。つまり、幼少時に両親に棄《す》てられたということである。しかし、父方の祖父母は少年を可愛がり、むしろ不憫《ふびん》に思い小遣いも与えて育てていたようであった。

　そのような中、少年が長期入院を必要とする病気にかかり、入院することになった。少年は、本来なら年齢的に入院するのは小児病棟《しょうにびょうとう》であるが、中学生で体が大きいということから、成人病棟に入院させられていた。そこから、少年の人生が少しずつ事件へ近づいていくことになる。

病院にはさまざまな大人たちが入院していた。中には症状が軽く、夕食後の長い時間を病室で過ごすよりも、屋上で夕涼《ゆうすず》みをしながらビールを飲む大人たちがいた。少年はそのような大人たちに可愛《かわい》がられ、一緒に屋上で過ごすようになった。そのうち、少年がいくらかの小遣いを持っていることがわかると、大人たちは少年をおだてて、飲み仲間にしてしまった。

## 少年にたかった大人たち

少年には、それまで自分に優しくしてくれる大人がおらず、そのため父親のような存在の大人たちを慕《した》い、病院を退院してからも彼らと連絡を取り合っていた。しかし、彼らの目的は少年のお金であった。そのため少年を彼らが住んでいる地域に誘い出し、ある飲み屋で一緒に酒を飲むようになった。少年は祖父母が寝た後、バスに乗り、その飲み屋に通うようになった。そこには、少年の母親と同年代と思われる飲み屋のママがいた。それも少年が飲み屋に通う理由の一つであった。

しかし、いくら少年が小遣《こづか》いを持っているとはいえ、それで飲み屋の代金が賄《まかな》えるわけではない。おそらく周囲の大人たちは、少年に飲み代をたかっていたのであろう。みるみるうちに飲み代がたまり、とても自分の力では払えないと思って、コンビニ強盗を働いたわけである。幸い強盗は未遂《みすい》に終わったが、その理由があまりにも理不尽であり、しかも少年の悲しい生い立ちと深く関係があるということに胸が痛んだ。

それと同時に、少年を飲酒に誘った大人たちを許せないと思った。彼らは何の咎《とが》も受けないことに理不尽さを覚えると同時に、そのような大人が私たちの周囲にいるということが許せなかった。飲み屋のママは少年とわかりながら酒を提供した罪で逮捕《たいほ》されたが、それよりも母親のように慕ってくる少年をなぜ諫《いさ》めなかったのか、周りの男性客と一緒になって少年を利用したことに同じ女性としてショックを受けた。

事件の全容と少年の生《お》い立《た》ちを知り、担当児童福祉司は、彼を絶対施設へは行かせない、という方針の下《もと》、里親探しを始めた。少年がこれまで味わってこなかった家庭の味を、ぜひ味わって欲しいと思っていたからである。

しかしこの年齢で、しかも犯した罪の大きさを考えると、おいそれと少年を引き受ける里親はなかなか見つからなかった。少年は体の割には大人しく、優しい一面を持っており、担当福祉司の意見には素直に従っていた。その後、やっと少年を引き受けてくれる里親が見つかり、児童相談所の一時保護所を巣立っていった。これも担当福祉司の粘り強い信念を持った支援のお陰である。感謝！

## 母の自殺を見た少女

コザ児童相談所時代（２００４年度）は大変なケースが多数あったが、中でも次に記す少女たちが置かれた環境はあまりにもひどく、忘れようにも忘れられないケースの一つである。それと同時に、当時の沖縄の貧困を最も象徴している事例ではないかと思われた。

少女たち（中２と中１）が育ったのは、中部のとある街であった。沖縄ではさして珍しくもないことだが、上の子が中学に入学する時に両親が離婚をした。母親が娘たちを引き取り、夜、働きながら娘たちを育てていたが、よほど生活が苦しかったのか、母親が娘2人を残して、焼身《しょうしん》自殺をしてしまった。その焼身《しょうしん》自殺の現場を上の娘が見てしまったということである。

それだけでも大変なことなのに、残された娘たちはどうなるのか、誰かが引き取らなければならないが、父親は定職にもつかず生活力が全くないため引き取ることができない。祖父母たちも自分たちの生活が精一杯のため引き取りを拒否している。その結果少女たちは、母親が勤めていた飲み屋のママが一時預《あず》かっているという。しかしそこにはママのパトロンがおり、部屋も狭くとても少女たちが安心していられる場所ではない。だから、児童相談所でぜひこの少女らを保護してほしいという学校からの依頼であった。

何としても最優先で保護しなければならないケースであった。しかし、一時保護所が空いていない。せめて空きが出るまで、少女たちを預かってもらうよう飲み屋のママにお願いをし、職員を調査に行かせることにした。

しかし帰ってきた職員が言うには、飲み屋のママは自分がずっと預かってもいいと言っているが、どうも少女らを中学卒業すると自分の店で働かせようと思っているのではないかと言う。さらに部屋も２室しかなく、パトロンらしき男性が仕事もせず、ずっと部屋にいる。少女たちが安心して過ごせる場所ではない。また２人はとても仲が悪く、喧嘩《けんか》ばかりしているということであった。

## もし一時保護所が空いていれば

そのような中で事件が起こった。上の少女が暴行事件を起こし、警察に保護されてしまった。些細《ささい》なことで、他校の女子に暴行をしてしまったのである。少女らが置かれた環境を考えると、さもありなんと思ったが、この事件のせいで少女たちの一時保護が早まった。しかし、少女たちが保護されたのは一時保護所ではなかった。

児童相談所には一時保護委託という制度がある。一時保護所が満杯の時や近くに一時保護所がない場合、施設や里親に一時保護を委託する制度である。この2人の少女が保護されたのは施設であるが、同じ施設でも非行の子どもたちが入る児童自立支援施設であった。本来なら、児童相談所の一時保護所で保護し、それまで彼女たちが遭遇《そうぐう》したさまざまな出来事で傷ついた心と体を癒《いや》すべきであった。特に上の少女が負った心の傷は相当深いトラウマとなっているはずである。そして、心身ともに落ち着いた上で、次の行き先を決めるのが常套《じょうとう》手段であった。そうしないと子どもたちは、新たな施設で落ち着いて生活することはできない。残念ながら、この手順を踏むことが少女たちには出来なかった。そして案の定《じょう》、少女たちは施設でも落ち着くことはできず、さまざまなトラブルを起こしていった。

　今もって、少女たちのことが悔やまれてならない。もし、あの時児童相談所の一時保護所が空いていれば、少女は事件を起こさずに済んだのにと、少女らをそこまで追い込んでしまった責任は、本県の児童福祉行政の貧困にあると、その時強く感じた。

## 虐待された子どもたち

コザ児童相談所勤務は、わずか1年であったが、その間すさまじいほどの相談件数があった。中でも虐待は、表だって事件となるようなケースが数件も起こり、職員が裁判所で証言を求められるということもあった。特に、性的虐待や身体的虐待は即時に保護しなければならず、一時保護先が見つかるまで庁舎内で待機するということもあった。

幼い兄（5歳）が父親からの虐待により満身創痍《まんしんそうい》となり、一時保護した時は、不安げに寄り添う3歳の妹が兄の傍《そば》から離れず、それをかばうように面倒をみている兄の様子に涙することもあった。

また、まだ幼い少女が、下の弟妹の世話に手が取られている母親に構《かま》ってもらえない寂しさから、近所に子どもがいない親切な夫婦の家に遊びに行くようになり、両親公認の下《もと》で泊まることもあったが、後で気が付いたら少女が性的虐待を受けていたという事件もあった。まだ、性的行為の意味もわからない中での出来事であり、少女が成長して、自分がされたことの意味が分かった時のショックを考えると、まだあどけなさが残る少女の横顔を見ながらとても胸が痛んだ。

## まるで戦国時代

次から次と虐待のケースに追われ、一時保護が出来ない中、ある地域の方から電話があった。自分たちが住んでいる団地に、父親から虐待されている少女がいる。この少女については、児童相談所に一時保護依頼がされていると聞いているが、いつまで経《た》っても保護してくれない。自分たちは、家に帰れず団地の階段の下に身を潜めている少女を見るに見かねて匿《かくま》ったりしているが、これ以上放置できない。もし、少女を一時保護できないのであれば、自分たちはマスコミに訴えるということであった。

電話の主《ぬし》にこれまでの少女への世話を感謝し、近いうちに必ず保護するからと約束し、それから数日後に一時保護することができた。そして、その少女はその後無事施設へと入所していったが、今思うと後にも先にも、一時保護しないことで地域の方に怒られたのは初めてであった。

うれしいことに、その後少女は施設から高校へ進学し、無事卒業した後、さまざまな方々からの支援を受けて県内の大学に進学し卒業したという。もし、あの時地域の方からの電話がなければと思うと、あらためて地域の人たちの大切さを実感したケースである。

その後も次から次へと通報されてくる虐待児童の対応に追われ、それに伴って一時保護先を探すのに職員一同必死であった。

例えば虐待の通報があると、虐待対応職員が通報先に出向き、一時保護が必要となると、職場に残った職員で手分けをして、一時保護先を探すという作業が始まった。その時は、心理職の職員も、庶務《しょむ》の事務職の職員も一緒になり、まさに全員一丸となって行っていた。今思うと少ない人数であったが、児童相談所が関わった以上、職員が心をひとつにして、誰一人子どもを死なせないという強い思いがあったからではなかったか。

その年の虐待相談処理件数は、前年度を13件上回る２０２件であり、中央児童相談所よりも50件上回っていた。まさに、戦国時代のようなコザ児童相談所であった。

## 裸で夜道を歩く女の子

戦国時代と私が思ったもう一つの理由は、特に当時の管轄《かんかつ》地域の荒れようであった。本当にここが沖縄か、とうとう沖縄はここまできたのかという暗澹《あんたん》たる思いであった。その中から2つのエピソードを紹介したい。

晩秋《ばんしゅう》のある日、県内の基幹《きかん》病院から電話がかかってきた。昨晩5歳と3歳の2人の女の子を保護したが、これは虐待にあたるのではないかという電話であった。

夜の11時過ぎ、肌寒い中を2人の女の子が真っ裸になって往来を歩いていた。時間帯から車の往来もまばらの中、通行人がびっくりして警察に電話をし、保護してもらったが、2人は自分の名前も言えず、当然家もわからない。それで警察官は困ったが、上の女の子に特殊な医療的措置《そち》が施《ほどこ》されているのを見て、これは近くの大きな病院へ問い合わせれば探せるのではないかということで、病院へ繋《つな》いだようである。幸い、病院は子どものことをよく知っていて保護したが、これは迷子ではなく、虐待のネグレクトにあたるにではないかということで通告してきたのである。

確かにこれは単なる迷子ではない。深夜、幼い子どもが真っ裸になって往来を歩いているということは、どのように考えても尋常《じんじょう》ではない。ましてや女の子である。私はこの話を聞いて、ここは本当に日本なのかと思ってしまった。しかも、2人は病院で洋服を着せても姉妹ですぐ脱がせっこをして、服を脱ぐということであった。

その後、2人の子どもを当所が保護し、その後親に来てもらったが、引き取りにきたのは離婚したばかりの若い母親であった。その母親は新しい彼氏と生活していて、昨晩は子どもたちを彼氏に預《あず》けて出かけていたようである。ところがその彼氏は友達が来たので、おしゃべりに夢中になり、子どもたちが出るのに気付かなかったという。しかし、夜の11時過ぎである。普通は子どもたちが寝ている時間である。母親の話を聞いて、余計に空しくなった。

果たして、この若い親の下《もと》に子どもたちを置いておくべきか、とても悩んだが、幼い２人を保護するだけの余裕は児童相談所にはなく、母親の下へ返し指導するしか方法がなかった。幸い、母親は事の重大さに気づいたようで、何度か児童相談所へ通い、心を入れ替えていった。

## 離婚と貧困の再生産

もう一つは、これも秋口になり、日が暮れるのが早まる中、辺りがすっかり暗くなっている公園に１人の女の子が遊んでいるという通告があった。幸いその公園は児童相談所のすぐ近くにあったので、職員がその女の子を児童相談所に連れて来て、家まで送って行くことにした。ところが、翌日もその女の子は夜遅くまで公園で遊んでいた。２度目なのでそのまま送るわけには行かないということで、親に児童相談所まで迎えに来てもらった。

迎えに来たのは、乳《ち》飲《の》み子《ご》を抱えた、まだ幼い母親であった。離婚したばかりで行くあてがなく、実家に戻ってきたが、そこには父親と兄が住んでおり、子どもがうるさいので嫌がられているという。そればかりでなく、無一文の親子3名が突然転がり込んできたので生活費が増大し、迷惑がられているという。若い母親は暗い表情で、とても上の子まで面倒が見られなかったと謝っていた。

そのような母親に何を言えばよいのか、せめて祖母がいればそのような辛い思いをしなくても済んだのではないかと、寒々とした男世帯の家庭風景が目に浮かび胸が痛んだ。

幸い彼女が住んでいる市には、母子寮（現母子生活支援施設）があったので、母親に親子3名は母子寮を利用する方法があるということや、生活保護制度の活用などを行ってみてはと助言したが、果たしてそこの窓口まで乳飲み子を抱えて行くことができるのか、気になるところであった。

まさに若年《じゃくねん》で結婚して、子どもができて離婚してという典型的な沖縄の貧困家庭のパターンであった。そればかりでなく、その親家庭も父子家庭であり、離婚の再生産、貧困の再生産ということが起っているという悲しい現実が透《す》けて見えた。

このように貧困家庭の子どもたちは大勢いたが、当時の児童相談所ではとてもそういう子どもたちまで対応できず、虐待が起こってから対応するという、対症療法的なことしかできなかった。

その後、私が「子どもの貧困」問題に取り組むようになったのは、児童相談所でこのような貧困家庭の子どもたちを見てきて、しかもほとんど何もすることが出来ずにきたという、贖罪《しょくざい》の気持ちがあったからではないかと思う。

## 職員の涙の訴え

戦国時代のコザ児童相談所時代は、髪を振り乱し、目はつり上がり、鬼気迫《ききせま》る様子で四六時中神経を張り巡らし、とても声を掛けられる状態ではなかったというのは、一緒に生活していた伴侶《はんりょ》の言葉である。

24時間、携帯の音に神経をとがらせ、次から次と虐待の子どもや非行の子どもが送られてくる中、職員と一緒になって駈けずり廻っていた。所長である私の大事な役割は、虐待通報があった場合、子どもの的確な一時保護の決断であり、子どもの命を守ることであった。

それと同時に、いかにして職員の負担を軽くするか、この危機的状況をどのように外部に伝えて理解してもらうのかということであった。県本庁はもとより、県議会にも働きかけていった。何としてもコザ児童相談所に一時保護所を造ってもらいたい、そして一人でもよいから職員を増やしてほしいという一念であった。それが功を奏したのか、８月に県議会の少子・高齢化対策特別委員会の議員がコザ児童相談所まで視察に来ることになった。

私はその機会を絶好のチャンスと捉え、職員全員に日頃の思いを議員の皆さんに話してもらうことにした。全員といっても十数名であるが、そこで私は職員からの思いがけない訴えに衝撃を受けた。日頃はおとなしい、しかし真面目に黙々と仕事をしている女子職員が、「去年は地獄でした」と涙ながらに語りだしたのである。

少ない職員しかいない中で、あの大事件となった集団暴行事件が発生し、その対応にも通常の仕事を抱えながらやらなければならなかった。誰も助けてくれない中、２人分いや３人分の仕事をしなければならなかったと話しだした。

私が赴任《ふにん》して半年近くになろうとしているのに、私には一言もそのようなことを言わなかった彼女が、勇気を出して議員の皆さんに訴えたのである。私は胸が潰《つぶ》れる思いであった。あらためて、あの事件の大変さを思い知ると同時に、当時の職員の精神的ケアの必要性を実感した。

そのためには、職員が安心して仕事ができるよう、そして職員の仕事の負担を少しでも軽減することが出来るようにと、その後も職員の増員と一時保護所の建設を訴えてきた。

そして何とかコザ児童相談所の１年間をやり終えたが、まだ何も改善されていないという中、突然転勤の内示が出されてしまった。今のままではとても転勤できないと内示を何とか撤回《てっかい》してもらうよう動いたが、残念ながら内示は決定となってしまった。後ろ髪をひかれる思いであったが、今思うと、それ以上は心と体が持たなかったのではないかと思う。それほどハードな毎日であった。私の長い公務員生活の中でも、忘れられない1年となった。

その後、コザ児童相談所に一時保護所ができたのは、2011（平成23）年12月のことであった。実に、私が訴えてから7年の歳月を要したことになる。

その間、県内では児童相談所が関わりながらも、虐待の死亡事件が2件も発生し、2人の子どもがかけがえのない命を落としてしまった。子どもの命の軽さをその時ほど感じたことはなかった。

# あとがき

いま原稿を書き終えて最初から読み返してみても、ここに書かれているのは実際に取り扱ったケースの一部であるが、いずれも当時の沖縄の社会状況を如実に反映しているのではないかと改めて思う（事例については、一部修正加筆）。

当時から、なぜ沖縄の子どもたちが置かれた状況が、こんなにも深刻なのか、私が初めて虐待の調査を実施した頃から、既に子どもたちの家庭は崩壊し、多問題家庭が出現していた。

一方、本土においては同じ虐待でも、日中一人で子育てをする母親が子育て不安や育児ノイローゼ等により虐待をしてしまう身体的虐待が多く、明らかに虐待の質が沖縄とは違っていた。

そのため、虐待に対応する国の方針もそのような普通の家庭の母親たちのために、地域での子育てサロンだとか、家庭で子育て中の親子が集える子育て支援センターなどの施策が打ち出されていった。しかし、そのような施策《しさく》で沖縄の子どもたちが救えるとは思えなかった。

明らかに沖縄は違っていた。児童相談所に学校や警察から送られてくる子どもたちの家庭は全てと言っていいほど壊れていた。なぜ、沖縄だけがこんなにも本土と違うのか、その時はわからなかった。

しかし、その後２０１０年頃リーマンショックの影響で日本の経済状況が悪化し、「子どもの貧困」という言葉が出てきた。そして沖縄の子どもの貧困問題を調べる中で、沖縄の子どもの貧困は全国の2倍以上あり、その原因が戦後27年間、日本本土と切り離され、アメリカに統治されていたということと深い関係があるのではないかということがわかった。

子どもの貧困の中でも、最たるものは子どもの虐待である。虐待された家庭の子どもは全て貧困であると言っても過言ではない。貧困から派生する様々《さまざま》な問題が虐待家庭には渦巻《うずま》いている。

そして、子どもの貧困問題はそのまま放置すると次の世代へと引き継がれていく。その連鎖《れんさ》をどこで断ち切るのか、いつ支援すれば一番効果があるのか、そのことを絶えず考えながら仕事をしてきたが、明確な答えはない。しかし、確実に言えることは、子どもを育てるのは親だけですか？ということである。私たち全ての日本国民は、日本に生まれた全ての子どもが幸せになるように努めなければならないと、戦後いち早く制定された児童福祉法に明文化されている。

沖縄に生まれた全ての子どもたちが幸せになれるように、子どもたちの声なき声に耳を傾け、全ての県民が我が子同様に育てていくということができればと思っている。

それと共に、決して表には出て来ない虐待された子どもたちの状況を多くの県民が理解し、一人でも多くの子どもたちが、親たちが救われていくことを願ってやまない。

２０２０年４月

山内優子

## 沖縄県児童福祉のあゆみ

1949（昭和24）年

11　沖縄厚生園設立、孤児院の統合

1953（昭和28）年

9　沖縄初の民間養護施設「愛隣園」開園

12　沖縄教職員会など5団体による「沖縄子どもを守る会」結成

1954（昭和29）年

4　中央児童相談所が業務開始。10月に初代所長が就任し、開所式挙行

9　沖縄厚生園に乳児院付設

著者略歴

1956（昭和31）年

7　沖縄実務学園女子部（通称女子ホーム）を合併しコザ一時保護所発足

1960（昭和35年）年

3　組織規則改正により「沖縄児童児童相談所」「沖縄児童児童相談所コザ出張所」と改称

1966（昭和41）年

2　少年会館が落成（沖縄子どもを守る会が建設）

1970（昭和45）年

5　沖縄こどもの国開設

| 沖縄県児童福祉のあゆみ | 著者略歴 |
| --- | --- |
| 1971（昭和46）年 | 6 琉球政府八重山福祉事務所（社会福祉主事） |
| 1972（昭和47）年 | |
| 4 沖縄初の重症心身障害児施設「沖縄療育園」開設 | 11 沖縄県中央児童相談所(児童福祉司) |
| 5 沖縄中央児童相談所が「沖縄県中央児童相談所」と改称 | |
| 5 コザ児童相談所が分離独立 | |
| 5 沖縄県婦人相談所設置 | |
| 8 県立の婦人保護施設「うるま婦人寮」設置 | |
| 9 沖縄県里親会発足 | |
| 1974（昭和49）年 | |
| 6 一時保護所を増築、中央児童相談所新庁舎が完成移転 | |

| | | | |
|---|---|---|---|
| | 6 | 県内初の母子寮「和泉寮」（沖縄市立）設置 | |
| | 9 | 沖縄で初の情緒障害児学級開設される | |
| 1976（昭和51）年 | 7 | 沖縄初の心身障害児通園施設「こくら園」設置 | |
| 1978（昭和53）年 | 5 | 沖縄初の児童館「久場川児童館」設置 | 4 沖縄県身体障害者更生相談所（心理判定員） |
| 1979（昭和54）年 | | | 4 沖縄県婦人相談所（心理判定員） |
| 1982（昭和57）年 | 4 | 県、延長保育実施 | 4 沖縄県中央児童相談所（心理判定員） |

| 沖縄県児童福祉のあゆみ | 著者略歴 |
|---|---|
| 1983（昭和58）年<br>7　那覇市内の県立高校で校内暴力による生徒死亡事件発生 | |
| 1986（昭和61）年 | 4　沖縄県婦人相談所（心理判定員） |
| 1987（昭和62）年<br>7　県教育委員会が沖縄県学力対策委員会を設置 | |
| 1992（平成4）年<br>2　石垣で中学生による集団暴行死亡事件が起きる<br>9　児童相談所職員の勤務が完全週休2日制に。学校週5日制始まる | 4　沖縄県コザ児童相談所（心理判定員） |

| 年 | 月 | 沖縄県児童福祉のあゆみ | 月 | 著者略歴 |
|---|---|---|---|---|
| 1993（平成5）年 | | | 4 | 沖縄県生活福祉部社会福祉課（主査） |
| 1994（平成6）年 | 12 | 沖縄県一時的保育事業開始 | | |
| 1996（平成8）年 | | | 4 | 沖縄県生活福祉部児童家庭課（保育係長、補佐、課長） |
| 1998（平成10）年 | 1 | 沖縄県子育て支援計画「おきなわ子どもプラン」策定 | | |
| | 6 | 児童虐待防止地域ネットワーク連絡会が初開催（那覇・南部地区） | | |
| | 6 | アメラジアンスクール設立 | | |
| | 11 | 沖縄県のひとり親世帯調査項目に初めて離婚原因を盛り込 | | |

| 沖縄県児童福祉のあゆみ | 著者略歴 |
| --- | --- |
| む | |
| 1999（平成11）年 | |
| ＊この年度の児童虐待相談処理件数が前年度の2倍超に（193頁のグラフ参照） | 4　沖縄県中央児童相談所（所長） |
| 2000（平成12）年 | |
| 4　沖縄の認可保育園では初の夜間保育はじまる | |
| 5　児童虐待防止法成立（国） | |
| 2001（平成13）年 | 4　沖縄県南部福祉事務所（所長） |

| | | | |
|---|---|---|---|
| 2002（平成14）年 | | | |
| 4 | 完全学校週5日制導入 | 4 | 沖縄県南部福祉保健所（副所長） |
| 10 | 「新おきなわ子どもプラン」策定 | | |
| 2003（平成15）年 | | | |
| 7 | 北谷町で中学生殺害遺棄事件が発覚。中学3年生らが逮捕 | | |
| 8 | 那覇市が母子生活支援施設「さくら」設置 | | |
| 2004（平成16）年 | | 4 | 沖縄県コザ児童相談所（所長） |
| 10 | 沖縄市で生後10カ月の男児、父親に殴られ死亡 | | |
| 2005（平成17）年 | | | |
| 3 | 県が「おきなわ子ども・子育て応援プラン」策定 | 4 | 沖縄県身体障害者更生相談所(所長) |

沖縄県児童福祉のあゆみ

2007（平成19）年
4　全国学力テスト開始。沖縄は全教科で最下位
8　沖縄県身体障害者更生相談所が首里厚生園敷地内に移転
2008（平成20）年
2009（平成21）年
11　うるま市で中学生による集団暴行死亡事件起きる
2011（平成23）年
1　給付型の奨学金制度「にじのはしファンド」スタート
12　コザ児童相談所に一時保護所完成

著者略歴

4　沖縄大学非常勤講師（児童福祉論）〜現在
＊　沖縄の子どもを貧困から守る連絡協議会共同代表（〜

2012（平成24）年
3 改正沖縄振興特別措置法に、青少年の就学・就業の新たな規定が盛り込まれる

2015（平成27）年
5 沖縄初の子ども食堂（ももやま子ども食堂）運営開始
6 沖縄子どもの未来県民会議が発足
7 宮古島市で父親の暴力により3歳の女児死亡

2016（平成28）年
1 沖縄の子どもの貧困率が29・9％と県が発表。全国平均の約2倍で社会問題化
2 沖縄タイムス社が「沖縄こども未来プロジェクト」創設
3 「沖縄県子どもの貧困対策計画」策定。「沖縄県子どもの貧

---

2016年2月）

2 沖縄こども未来プロジェクト運営委員長（～2020年3月）

沖縄県児童福祉のあゆみ

困対策推進基金」を設置

2018（平成30）年

4　沖縄初の児童心理治療施設「ノアーズ・ガーデン」開所

著者略歴

参考文献

「平成24年版　児童相談所業務概要」（2012）
沖縄県子ども総合研究所編『沖縄子どもの貧困白書』（2017）
「沖縄タイムス」　ほか

## 児童相談所における児童虐待相談処理件数（沖縄）

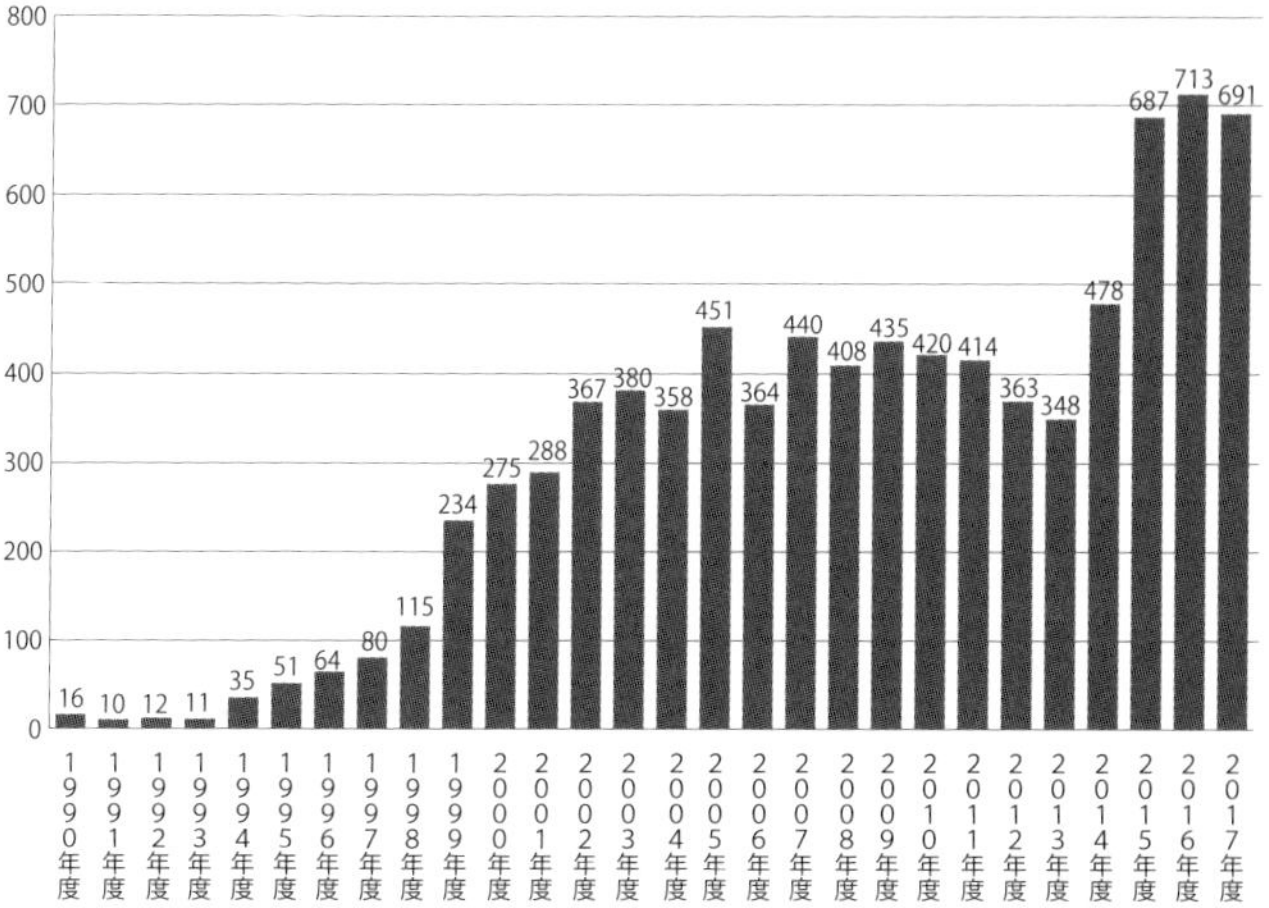


「平成29年度児童虐待相談対応状況統計資料」（沖縄県・速報値）より作成

# 解説付索引

・本索引は「本文」（あとがき含む）と「沖縄県児童福祉の歩み／著者略歴」から重要語句を抽出、単純五十音順に並べ、簡単な解説を加えたものである。
・「＊」は本索引で取り上げた語句、「↓」は参照すべき語句であることを意味している。
・本索引は沖縄タイムス社出版部の責任で作成した。

## ■ア

**アルコール中毒**　43

**愛着障害**　89、90
親などとの愛着形成がうまくいかないことで現れる困難の総称。愛着とは「特定の人に対する情緒的な絆」で、成長の過程で獲得するもので生まれながらに備えているわけではない。＊反応性愛着障害は医学的な診断名。
「少年は愛着障害により、母親はもちろんのこと、他人とも心を通わすことが出来なかった。」（本書89頁）

**愛隣園**　182
沖縄戦の結果、または戦後生じた多くの孤児・家庭離散児、保護を要する混血児を収容保護す

る目的で1953年に設立。66年に地元法人に移譲された*児童養護施設。与那原町在。



アメリカ人とアジア人の間に生まれたアメラジアンが通う民間教育施設。この学校を卒業することで日本の小中学校を卒業する資格が得られる。希望者の進学率は100%で、約9割が県立高校に進んでいる。

## ■イ・ウ



*児童相談所が子どもを家庭などから引き離し、原則2カ月まで*一時保護所などで保護すること。棄児・迷子や家出した子に保護者がいない場合や、親の虐待や放任により緊急に子を家庭から一時的に引き離す必要がある場合に行われる。児童相談所が独自の判断で執行できる行政処分。↓職権保護



「児童相談所には一時保護委託という制度がある。一時保護所が満杯の時や近くに一時保護所がない場合、施設や里親に一時保護を委託する制度である。」（本書165頁）



*児童相談所に付設し、保護が必要な子どもを一時的に保護するための施設。児童福祉法第12条の4に基づき、必要に応じて児童相談所に付設もしくは児童相談所と密接な連携が保てる範囲内に設置される。全国に児童相談所215カ

所に対し、１３９カ所（２０１９年4月現在）設置されている。

**うるま婦人寮** 184 ↓婦人保護施設

## ■オ

**沖縄県学力対策委員会** 186

**沖縄県コザ児童相談所** ↓コザ児童相談所

**沖縄県子どもの貧困対策計画** 191
子どもの貧困対策の推進に関する法律に基づき沖縄県が２０１６年に策定。沖縄の深刻な現状を独自調査を含む各種の数字で示し、16年４月から22年３月までの計画期間中の目標値を掲げ、当面の重点施策を打ち出した。19年３月に改定。

**沖縄県子どもの貧困対策推進基金** 191

**沖縄県里親会** ↓里親会

**沖縄県身体障害者更生相談所** ↓身体障害者更生相談所

**沖縄県中央児童相談所** ↓中央児童相談所

**沖縄県婦人相談所** ↓婦人相談所

**沖縄厚生園** 182
１９４９年、沖縄戦中米軍が設置した*孤児院や養老院が首里石嶺に集結され開設。のちに*首里厚生園(老人)、いしみね救護園(要教護者)、石嶺児童園（児童）と分離される。

**おきなわ子ども・子育て応援プラン** 189
*新おきなわ子どもプランの後を受けて策定された沖縄県の子育て支援の指針。別称は沖縄県次世代育成支援行動計画。２００５年に策定され、10年に後期計画がまとまった。

**沖縄こどもの国** 183

**沖縄子どもの未来県民会議** 191

**おきなわ子どもプラン** 187

**沖縄こども未来プロジェクト** 191
沖縄タイムス社が子どもの貧困問題解消に向けて２０１６年2月に創設。子どもの貧困問題解決に取り組む団体への支援のほか、17年度から小・中学校に入学予定の非課税世帯の子どもを対象にした「入学応援給付金」を開始した。同給付金は18年度からは高校入学予定者にも対象拡大。給付金額は小学校3万円、中学校4万円、高校5万円。20年3月末までの支援実績は25団体に約1050万円、新小・中・高校生2406人に計9270万円となっている。入学応援給付金は、沖縄タイムス紙面やホームページなどで募集を告知するほか、各市町村教育委員会、県母子寡婦福祉連合会などの団体に周知の協力を依頼。応募者の世帯収入や扶養人数などに基づき、有識者を含む沖縄こども未来プロジェクト運営委員会で審査。内定者の非課税証明書などを確認した上、送金している。

**沖縄子どもを守る会** 182～183

**沖縄実務学園** 183
県立（琉球政府立）の*教護院。1951年に沖縄職業学校として開設され、53年に改称。児童福祉法改正で98年に教護院から*児童自立支援施設となり、名称が若夏学院となる。

**沖縄中央児童相談所** 183～184 ↓中央児童相談所

**沖縄中央児童相談所コザ出張所** 183 ↓コザ児童相談所

**沖縄の子どもを貧困から守る連絡協議会** 190

**沖縄療育園** 184 ↓重症心身障害児施設

## ■カ

**解離性人格障害** 90
強いストレスに直面するなどで、知覚や記憶などが切り離されてしまう障害。前後の記憶を自分自身で消してしまう解離性健忘や、ふらっとその場から立ち去る解離性遁走などの症状がある。

**カウンセリング** 79～80
生活におけるさまざまな問題や課題、特に適応上の問題を抱えた個人に対して行う心理的援助方法の一つ。適用される分野は医療・福祉に限らず産業、学校、司法など多岐にわたる。

**学校週5日制** 186 ↓完全学校週5日制

**家庭児童相談員**　95、99〜100

*福祉事務所に設置されている家庭児童相談室に採用された非常勤職員。*社会福祉主事と連携しながら専門的技術を必要とする相談業務を行う。

**家庭訪問**　99、107、114、138、146

**完全学校週5日制**　189　→学校週5日制

**緘黙症状**　116、118

言語の理解や発語は正常であるのに、言葉による表現ができず沈黙を続ける状態。生活のあらゆる場面でみられるものを全緘黙、部分的な生活場面でみられるものを*場面緘黙という。後者のほうが多くみられる。

## ■キ・ク・ケ

**基本的信頼感**　89

自己と世界に対する態度の一つで、社会や他者に関しての筋の通った信頼、自己に関しては信頼に値するという単純な感覚。生まれてから1年間に原型ができるとされ、その後の心理的な発達に広く影響されるとされている。

**虐待相談**　153

**虐待相談処理件数**　170、193

**虐待対応職員**　169

**教護院**　73、78

*児童福祉施設の一つ。現在は*児童自立支援施設と名称変更。

**緊急一時保護**　39

*一時保護の実施に当たっては、速やかに行うよう努めなければならないとされている（児童虐待防止法第8条）。厚生労働省の「子ども虐待対応の手引き」では、「通告の段階で特に緊急性が予測される場合などには、直ちに対応すべきであるが、生命に関わるなど重大な事件が発生する前の対応を進める上で、休日や夜間に関わりなくできる限り速やかに対応する事を原則とすべきである」とある。→職権保護

**久場川児童館**　185

**経済的困窮**　43

集会所を借りて運営していることが多い。

**子育て支援センター** 179

厚生労働省の通達「特別保育事業の実施について」に基づく施設。地域の子育て家庭に対する育児支援を行う。*保育士の中から地域子育て指導者およびその補助的業務を行う子育て担当者を置く。

**子育て不安** 178

**子ども食堂** 191

地域住民や自治体が主体となり、無料または低価格で子どもたちに食事を提供するコミュニティの場。沖縄でのスタートは2016年の*ももやま子ども食堂から。新型コロナウイルス感染予防のため沖縄子どもの未来県民会議が20年3月に緊急支援を決めたが、支援対象となった子ども食堂は54施設。

**子どもの貧困** 174、179〜180、191

2012年、全国の子どもの相対的貧困率は16・3%と過去最悪を記録した。13年6月には「子どもの貧困対策推進に関する法律」が成立、翌14年8月には「子供の貧困対策に関する大綱」が閣議決定された。沖縄では、県に子どもの貧困を担当する専門部署が15年4月からスタート、16年1月には都道府県単位では初の貧困率調査を発表し、29・9%という全国2倍の高率は大きな衝撃をもって報道された。

## ■サ

**在宅指導** 85

*児童相談所による、子どもを在宅で生活させながらの保護者援助。厚生労働省は手引書で、在宅で援助が可能と判断するためには、「虐待が否定されるか、もしくは軽度で虐待により子どもを死に至らしめる可能性が極めて低い」「子どもが学校や保育所などへ毎日通っている」「保護者が定期的に相談機関に出向くか、援助機関の訪問を受け入れる姿勢がある」などの条件を挙げている。

「その後少年の火遊びは止まった。少年の指導

は在宅指導に切り替えられたが、母親が児童相談所に通ってくることはなかった。」(本書85頁)

**里親** 87、90、108、109、116〜118、120〜125、156〜157、162〜163、166

保護者のない児童や保護者に監護させることが不適当な児童を、*児童福祉法に基づき通常の親権を有さずに養育する者。児童福祉法により定められた研修を受けたのち児童福祉審議会里親認定部会で審議され、里親として認定された者でなければならない。

「里親なくして、沖縄の児童福祉は成り立たなかったといっても過言ではない。これも、児童相談所の先輩職員の皆さんが里親を大事にし、里親育成に力を注いできたからではないだろうか。」(本書125頁)

**里親会** 121、184

一般社団法人沖縄県里親会は１９７２年に結成。沖縄は里親制度の先進県とされ、委託率は全国平均の２倍である。２０１９年に県は里親リクルート事業を開始した。

## ■シ

**思春期外来** 134

思春期・青年期のこころの問題を対象に診療をおこなう専門外来。

**思春期病棟** 134

**児童委員** 130

児童福祉法第16〜18条に規定される、市町村の区域に置かれる行政委嘱のボランティアで、*民生委員も兼ねることができる。児童および妊産婦の生活や環境の把握、保護や福祉に関する情報提供・援助および指導、*児童福祉司および*福祉事務所の*社会福祉主事職務への協力などを職務とする。

**児童館** 185

*児童厚生施設の一つ。児童に遊びやスポーツ、読書などの機会を与える健全育成活動に加えて、地域の子育て支援の拠点施設としての役割も担っている。年齢や親の就業に関係なく参加

が可能。

**児童虐待**（件数）27、（定義）23、（の調査）45
定義が法的に明定されたのは*児童虐待防止法によってである。虐待行為の4類型として身体的虐待、心理的虐待、*ネグレクト、性的虐待がある。

**児童虐待防止地域ネットワーク連絡会** 187
*児童虐待の早期発見と対策を防止するための会議。中央、コザの*児童相談所がそれぞれ主催し、管轄内の保健所や福祉事務所、警察、学校関係者などが参加する。

**児童虐待防止法** 151、188
２０００年５月制定、同年11月施行の「児童虐待の防止等に関する法律」のこと。*児童虐待の4つの定義（身体的虐待、性的虐待、*ネグレクト、心理的虐待）およびそれらの禁止規定に関することと、*児童相談所の取り組み強化などが定められている。

**児童自立支援施設** 73、166
不良行為などで生活指導を要する児童が、*児童相談所あるいは家庭裁判所の審判などを経て入所する。*教護院から１９９８年にこの名称になった。↓沖縄実務学園
「２人の少女が保護されたのは施設であるが、同じ施設でも非行の子どもたちが入る児童自立支援施設であった。」（本書166頁）

**児童指導員** 144
児童の生活指導、家庭環境調査、関係機関との連絡・調整など、主としてソーシャルワークに携わる。*児童養護施設、*児童心理治療施設など、ほとんどの*児童福祉施設に配置が義務付けられている。

**児童心理司** 16
心理学の知識をもって児童やその保護者の心理診断を行う任用資格。以前は*心理判定員と呼ばれていたが、２００５年の児童相談所運営指針の改定に伴い、*児童相談所で働く心理判定員に限りこの呼称に変わった。児童相談所以外の公的機関でこのような心理診断を行う者は従来通り心理判定員と呼ばれている。

**児童心理治療施設**　192
心理治療の必要な児童を、児童相談所の決定により入所あるいは通所させ、生活支援や心理治療などを行う施設。同施設を経営する事業は社会福祉法における第一種社会福祉事業とされている。沖縄では糸満市に*ノアーズ・ガーデンが２０１８年に開設した。↓情緒障害児短期治療施設

**児童精神科**　130
小児科の発達過程で発症した精神的な問題について対応する専門外来。

**児童相談所**　14〜19、22〜25、46、50〜55、61、68、72、77〜80、82〜85、94〜96、98〜99、102、105〜106、109、111〜112、118、122、125、128〜130、132、135〜137、139、143、146〜152、154、157、159、163〜166、168〜169、172、174、177、186
*児童福祉法の規定により設置された児童福祉行政の中枢機関。18歳未満の子どもに関する問題について家族、関係機関、子ども本人などからの相談に応じている。相談内容に応じ、*児童福祉司、*児童心理司、精神科医、小児科医など専門職員が対応する。都道府県と指定都市、児童相談所設置市（横須賀市・金沢市）が設置できる。沖縄には*中央児童相談所、*コザ児童相談所の２カ所がある。

**児童福祉司**　55、59、74、79、85、137〜139、144〜146、150、184
*児童相談所に配置が義務付けられている職員で、児童相談所長の命を受け、児童福祉の専門的な援助を行う。医師、社会福祉士、２年以上児童福祉事業に従事した*社会福祉主事などから任用される。

**児童福祉施設**　106
児童福祉法第７条で規定する施設の総称。助産施設（妊産婦が入院助産を受けられるようにする施設）、*乳児院、*母子生活支援施設、*保育所、幼保連携型認定こども園、児童厚生施設（*児童館など）、*児童養護施設、障害児入所施設（知的障害、肢体不自由など障害種別ごとに分かれていたものを２０１２年度より一元

化）、児童発達支援センター（障害のある児童を通所させる施設）、*児童心理治療施設、*児童自立支援施設、児童家庭支援センター（子育てに関するさまざまな相談に応じる機関。*児童相談所を補完するものとして、児童福祉施設などに設置）の12種ある。

**児童福祉法**　35、43、180

１９４７年制定、48年施行。「児童とは、満18歳に満たないもの」と定義。児童の権利に関する条約批准の影響を受けての97年改正、保育士資格に関わる２００１年改正などが大きな改正と挙げられている。16年の改正では*児童相談所への弁護士配置などが盛り込まれた。

**児童養護施設**　53、60、64～65、67、86、102～103、140

貧困や虐待などが原因で生まれた家庭で生活することが困難だと判断された児童が入所する施設。児童相談所長の判断に基づき、都道府県知事が入所措置を決定する。沖縄県児童養護協議会会員の児童養護施設は８施設。

「児童養護施設へ入所する子どもたちは、親からの虐待や親の都合により、親から離れて住み慣れた地域を去り、学校を転校し、親しい友達とも別れ、全く知らない土地で、知らない人たちと生活しなければならない。」（本書60頁）

**社会調査**　55、147

社会における人々の意識や行動、あるいは社会現象を対象とする調査。質問紙調査法などによる量的方法と、面接や観察などによる質的方法に大別される。

**社会福祉機能**　44

**社会福祉主事**　184

都道府県、市および*福祉事務所を設置する町村に置かれ福祉六法に定める援護、育成または更生の措置に関する事務を行う者。

**重症心身障害児施設**　184

重度な知的障害と肢体不自由が重複した児童を対象として、治療・療育および日常生活を支援するための医療型障害児入所施設。沖縄県内には*沖縄療育園（浦添市）、名護療育医療セン

**触法少年**　73、78

14歳未満で刑罰法令に触れる行為をした少年のこと。家庭裁判所の審判の対象となる。

**職権保護**　52、154

児童の＊一時保護は児童相談所長の権限で行える（児童福祉法第33条）。これは関係者の同意を得ずに行える強制的な制度で、日本には類似の制度が見当たらないほど強力な行政権限だと指摘されている。厚生労働省は「子ども虐待対応の手引き」（２００９年3月改正版）において「一時保護を積極的に活用することが期待される」、「一時保護をためらってはならない」とする一方で、「一時保護は、原則として子どもや保護者の同意を得て行う」、「子ども本人・保護者の同意が得られずに一時保護を行った場合には、子ども本人・保護者に対して十分な説明を行い、（中略）理解と協力を得る努力を続けることが重要である」と記している。

**新おきなわ子どもプラン**　189

２００２年に発表された沖縄県の子育て支援の指針。認可保育園の大幅創設で待機児童の解消を目指すほか、相談業務充実による児童虐待の対策強化、ファミリー・サポート・センター設置などを明記した。

**心身障害児通園施設**　185

心身に障害のある18歳未満の児童を対象とした障害児施設のうち、知的障害と肢体不自由が重複している児童を対象とした施設。↓こくら園

**身体障害者更生相談所**　185、190

都道府県に設置が義務付けられている機関。業務は市町村相互の連絡調整と市町村への情報提供、身体障害者に対する専門的な相談指導、医学的・心理学的職能的判定など。

**深夜徘徊**　106、150

**心理士**　16

心理業務に従事する者。

**心理検査**　147

個人（または集団）の性格・能力、その他の心理的特徴や傾向、さらにその障害について知る目的で行われる検査の総称。

の略称。身体的暴力だけでなく、精神的・性的・社会的暴力なども ある。DV防止法（配偶者からの暴力の防止及び被害者の保護等に関する法律）を中心に被害者の保護や支援が行われている。

**登校拒否**　61～62
心理的な理由によって子どもが登校を拒むこと。↓不登校
「当時、登校拒否児への治療が確立されていない中、主に行われていたのはカウンセリングが主流だった」（本書61頁）

**登校支援**　61

**登校指導**　63

**トラウマ**　46
大きな精神的ショックや恐怖が原因で起きる心の傷。心的外傷。

## ■ナ行

**南部福祉事務所**　188　↓福祉事務所

**南部福祉保健所**　189
２００２年４月、沖縄県行政組織規則の改正により、合わせて12あった保健所と*福祉事務所が統合され、北部・中部・南部・宮古・八重山の「福祉保健所」となった。16年４月には保健所と福祉事務所に再び分離された。

**にじのはしファンド**　190

**乳児院**　182
*児童福祉施設の一つ。*児童養護施設が１歳以上の児童を養育するのに対して、乳児院では１歳未満の乳児を主に入院させて、養育するとともに退院した者について相談その他の援助を行う。２００４年の*児童福祉法改正で小学校入学前の児童も養育できるようになった。

**ネグレクト**　46、99～101、104～107、109、113～114、118、150、171
刑法でいう保護責任者遺棄の概念に近い行為。*児童虐待防止法では「児童の心身の正常な発達を妨げるような著しい減食又は長時間の放置その他の保護者としての監護を著しく怠るこ

立支援、婦人保護施設への入退所の決定、などの業務がある。

**ひとり親世帯調査**　187

**婦人保護施設**　184
売春防止法第36条基づき都道府県に設置された施設だが、２００２年からは*ＤＶの被害女性を保護する施設としても位置づけられている。*女性相談所において*一時保護された後、安心・安全な環境の下で支援を必要と判断された女性が入所する。沖縄では社会福祉法人沖縄県社会福祉事業団が運営を受託し経営している。

**不登校**　103～104、148
文部科学省の調査では「登校しないあるいはしたくともできない状況にあるため年間30日以上欠席した者のうち、病気や経済的な理由による者を除いたもの」と定義している。

**フラッディング法**　62
不安を感じる場面に最初から長時間直面させ、恐れるようなことはなにごとも起きないと学習させる、*行動療法の一つ。

**保育園**　188
*児童福祉法に基づく正式名称は「保育所」で、保育園は通称。そのため明確な使い分けはないが、公立と私立、規模の大小などで独自に使い分ける例も散見される。

**保育士**　109、144
２００１年の*児童福祉法改正によって「専門的知識及び技術をもって、児童の保育及び児童の保護者に対する保育に関する指導を行うことを業とする者」と規定された法定資格のこと。*保育所だけでなく*乳児院や*児童養護施設などの*児童福祉施設に配置され、*児童指導員とならんで中核的役割を果たしている専門職の一つ。

**保育所**　187
児童福祉法第39条に規定される*児童福祉施設の一つ。

**保健相談**　148

**母子生活支援施設**　173、189
児童福祉法第38条に規定される*児童福祉施設

## ■マ行



## ■ヤ行



## ■ラ行

**山内優子**（やまうち・ゆうこ）

1947 年石垣市生まれ。70 年、琉球大学教育学部心理学科を卒業後、沖縄県庁に入り、児童相談所や婦人相談所など福祉の現場で 30 年勤務。児童家庭課長、中央児童相談所長、福祉事務所長、コザ児童相談所長を歴任し、2008 年に退職。同年から沖縄大学で児童福祉論を担当。そのほかに沖縄子どもの貧困解消ネットワーク共同代表、沖縄こども未来プロジェクト運営委員長も務めた。

**誰がこの子らを救うのか**

**沖縄―貧困と虐待の現場から**

2020 年 6 月 21 日　初版発行
2020 年 12 月 10 日　2 刷発行
2021 年 12 月 28 日　3 刷発行

著　者　山内優子
発行者　武富和彦
発行所　沖縄タイムス社
〒 900-8678　沖縄県那覇市久茂地 2-2-2
電話 098-860-3591（出版コンテンツ部）
印刷所　株式会社東洋企画印刷


ISBN978-4-87127-272-8